ICONOLOGIE,

OU

TRAITÉ DES ALLÉGORIES,

EMBLÊMES,

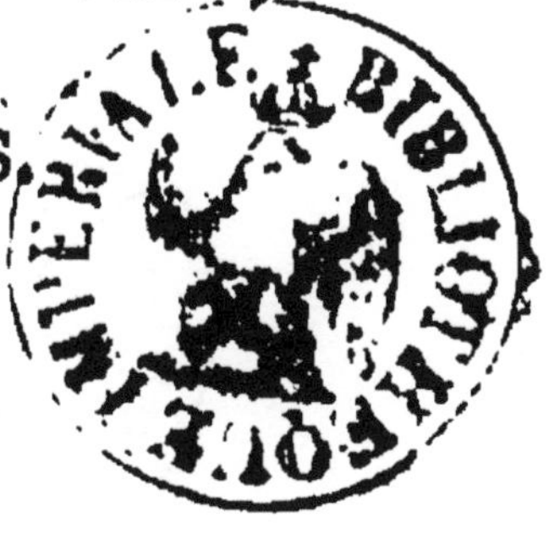

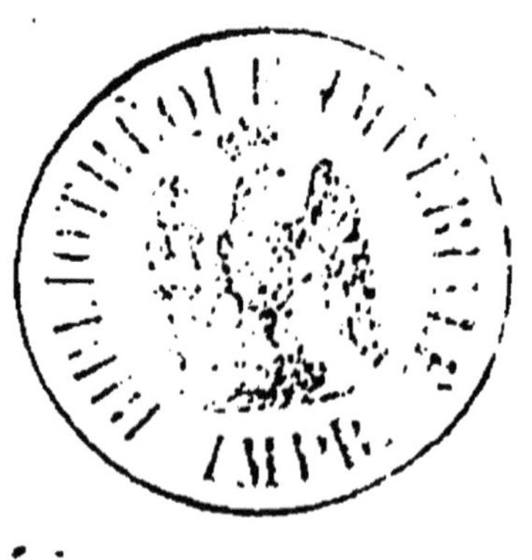
IMPR.

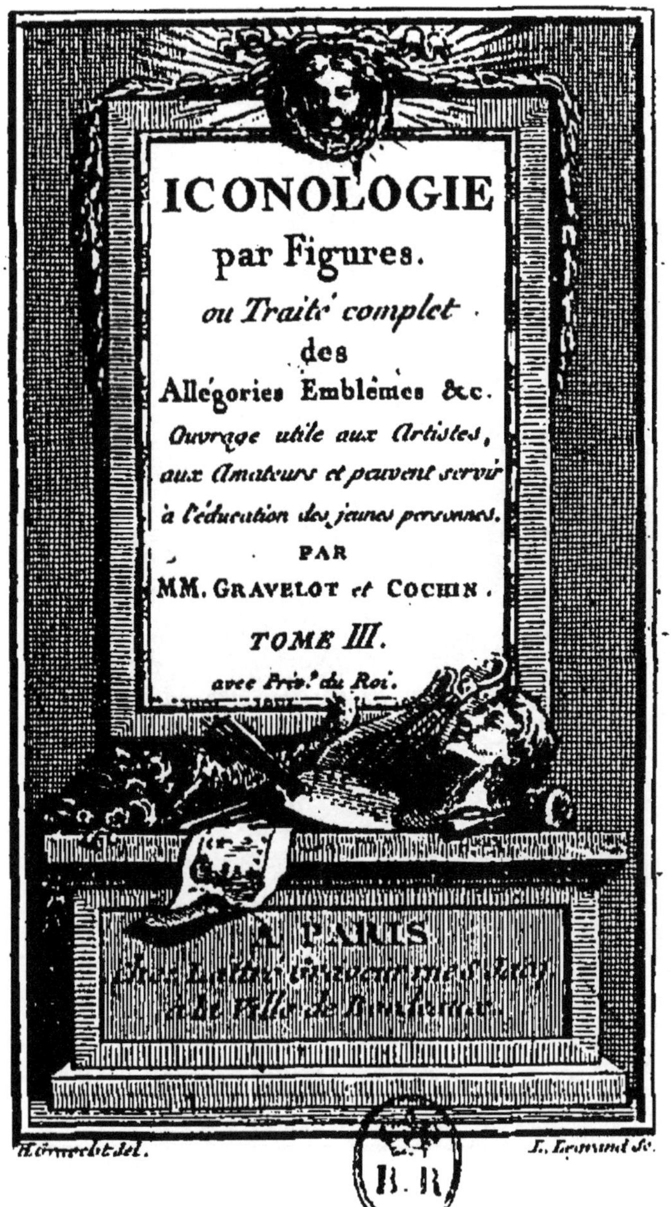

ICONOLOGIE
par Figures.
ou Traité complet
des
Allégories Emblèmes &c.
Ouvrage utile aux Artistes,
aux Amateurs et peuvent servir
à l'éducation des jeunes personnes.
PAR
MM. GRAVELOT et COCHIN.
TOME III.
avec Priv.' du Roi.
A PARIS

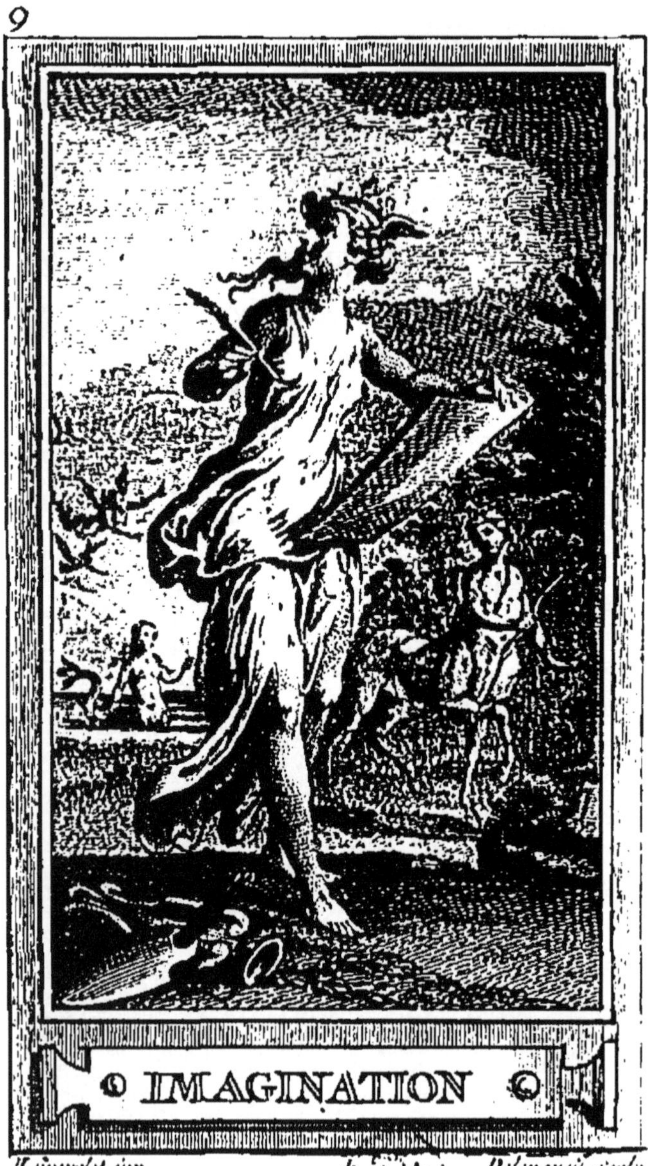

H. Gravelot inv.   Delonnoit sculp

IMAGINATION.

FACULTÉ de l'ame qui confifte, dit Voltaire, a rappeller les idées des objets que la mémoire nous a confervé ; c'eft pourquoi les Grecs appellèrent les mufes *Filles de Mémoire.* L'*Imagination* eft repréfentée par une femme jeune, dans une attitude animée, parce que l'*Imagination*, qui a toute la fougue du jeune âge, eft continuellement occupée de productions nouvelles, ce que défignent les petites figures qui femblent fortir de fon cerveau ; elle brûle de leur procurer l'exiftence, & fa plume va leur donner la vie. Les attributs qui caractérifent le poète & le peintre font placés près de l'*Imagination*, pour faire entendre le befoin qu'ils ont d'elle. Le fond du tableau eft occupé par des figures dont la création eft due à la poéfie & à la peinture, telles que le centaure, la firène, les harpies &c., toutes inventions qui n'ont de mérite qu'autant qu'elles fervent d'emblême à des vérités, foit phyfiques, foit morales.

(2)

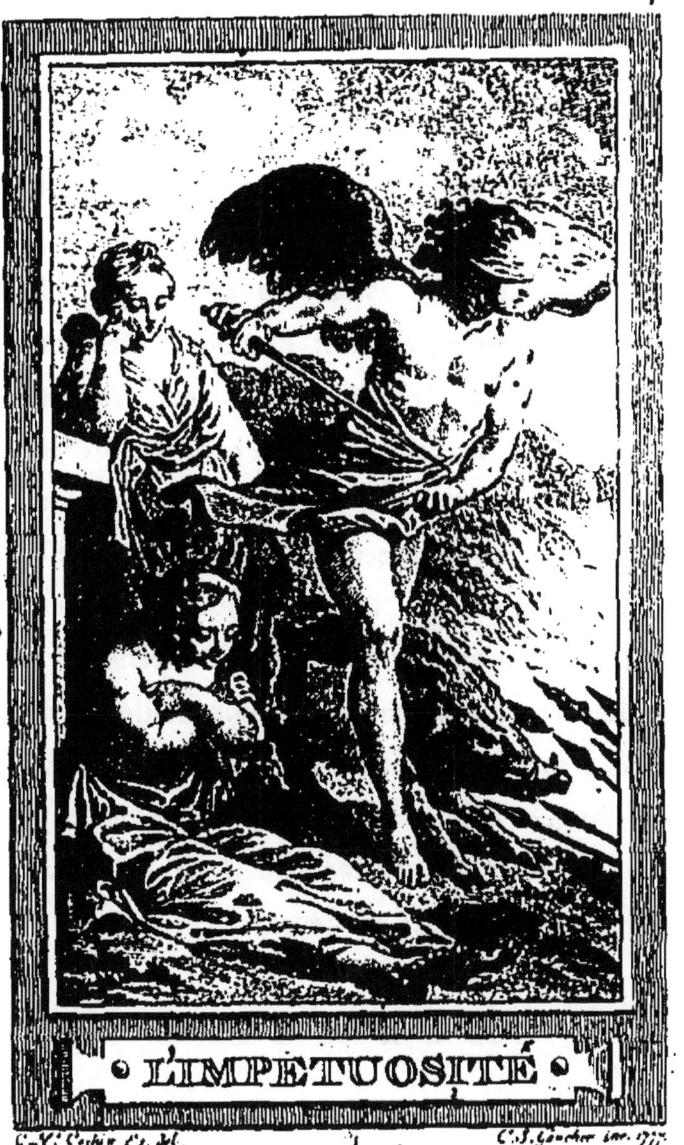

C. N. Cochin fils del.   C. S. Gaucher inv. 1777.

IMPÉTUOSITÉ.

L'ᴇᴍʙʟÊᴍᴇ que les iconologiſtes donnent à l'*Impétuoſité*, eſt celui d'un jeune homme, les yeux bandés, ayant des aîles, prêt à frapper de l'épée, & dans l'action d'affronter le danger ; à côté de lui eſt un ſanglier furieux. On le peint avec un bandeau ſur les yeux, pour marquer qu'il s'aveugle ſur le danger, ſans examen ni précaution ; c'eſt auſſi pourquoi on le repréſente nud. Les aîles courtes que l'on donne à l'*Impétuoſité*, indiquent qu'elles ne ſont point deſtinées à voler, mais à s'élancer avec plus de force. Le ſanglier eſt le ſymbole de l'*Impétuoſité*, par la témérité avec laquelle il ſe précipite contre les épieux des chaſſeurs.

AUDACE.

Oɴ peut donner à l'*Audace* les mêmes attributs qu'à l'Impétuoſité, mais en ſupprimant les ailes & le bandeau, parce que l'audacieux voit le danger, le brave & l'affronte.

TRANQUILLITÉ.

UNE femme appuyée sur une colonne, est l'emblême qu'on a donné à la *Tranquillité*, sur une médaille d'Adrien. Le Brun, dans la grande galerie de Versailles l'a représentée par une femme, dont la tête est négligemment appuyée sur une main. On pourroit encore donner pour symboles à la *Tranquillité* des poissons à coquilles qui restent attachés aux rochers, tels que l'huître, la moule, &c.

INERTIE.

ON ne trouve rien dans les iconologistes pour désigner ce défaut. On a cru pouvoir l'exprimer par une femme la tête penchée, les bras croisés, les jambes collées l'une contre l'autre ; enfin dans une attitude qui n'exprime aucun mouvement.

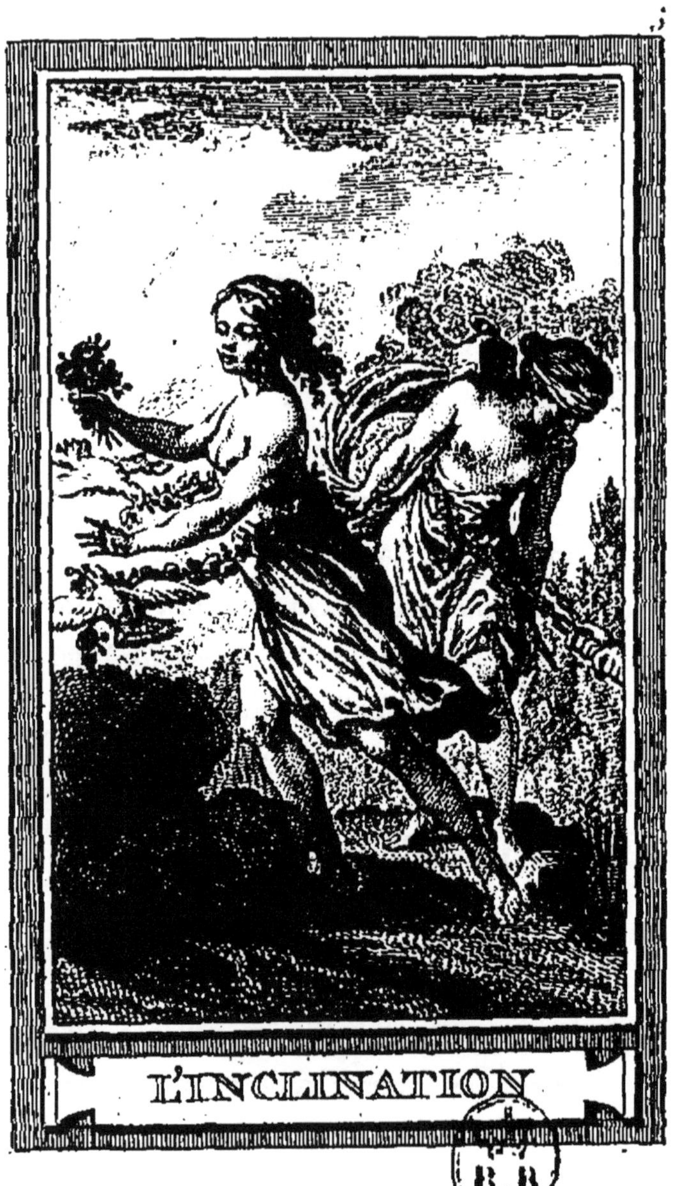

L'INCLINATION

INCLINATION. (*Bonne*)

UNE femme vêtue de blanc, entraînée par des guirlandes de fleurs & de fruits vers un nuage, d'où s'échappent des rayons de gloire, est l'emblême sous lequel on repréfente la *Bonne Inclination*. Les guirlandes qui l'enchaînent font tirées par des colombes, fymboles de la douceur. On pourroit auffi faire tenir à la *Bonne Inclination* un morceau de fer attiré par l'aimant.

INCLINATION. (*Mauvaife*)

ON peint la *Mauvaife Inclination* vêtue de noir, l'air trifte, un œil couvert d'un bandeau, & foutenant fur fes épaules un poids placé inégalement, ce qui la fait incliner vers un précipice ; une chaîne de fer entourée d'épines & de fleurs qui les cachent attirent encore la *Mauvaife Inclination* dans le même précipice. Le finge pourroit fervir de fymbole à cette figure, comme l'animal qui paffe pour avoir les plus mauvaiſes inclinations. Ces divers emblê-mes, ainſi que ceux de la figure précédente, ſont trop intelligibles pour qu'il ſoit néceſſaire d'en donner l'explication.

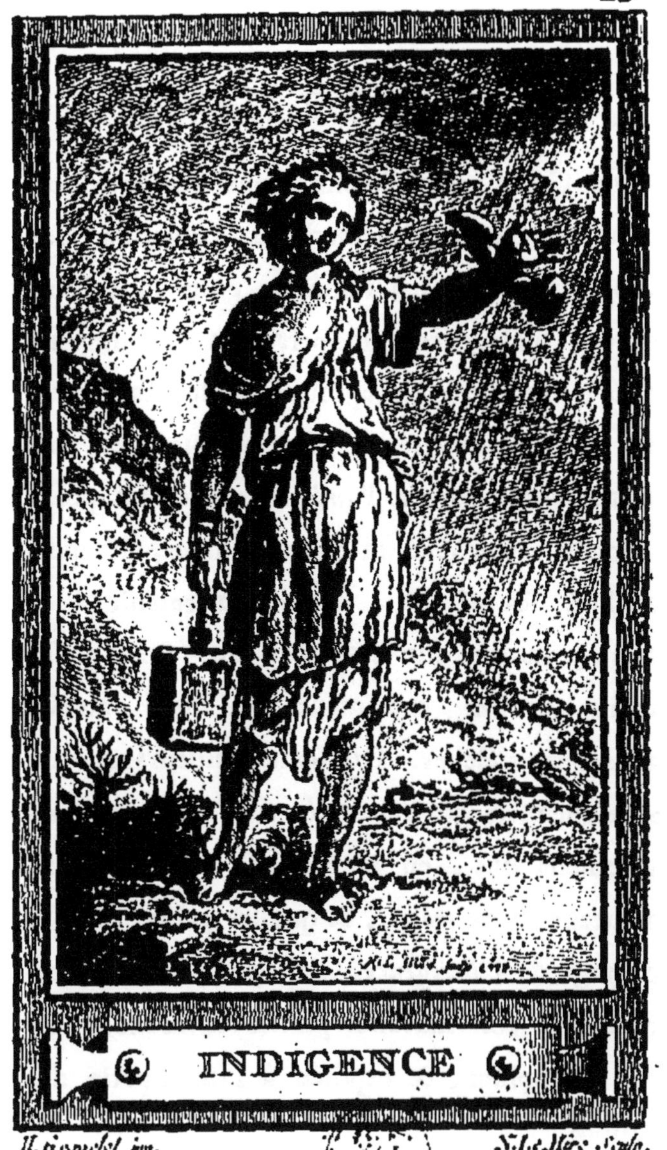

INDIGENCE

INDIGENCE.

Les Grecs entendoient, par *Indigence* ou pauvreté, non-feulement la privation des chofes nécefaires à l'homme pour fa fubfiftance, mais encore la privation des moyens que le vrai mérite éprouve quelquefois pour fe faire connoître. C'eft pourquoi les anciens repréfentoient l'*Indigence* avec un poids énorme attaché à la main gauche, & qui, malgré fes efforts, femble la retenir à la terre, tandis que les aîles qui font à fa main droite expriment le defir qu'elle auroit de s'élever. On fçait d'ailleurs que les enfeignes de la pauvreté font les mauvais vêtemens qui, en la faifant méprifer, lui abattent le courage, & que les peines font le partage de l'*Indigence*. C'eft pour cette raifon qu'on la voit marcher parmi les rochers, ou fur les épines, & expofée à l'intempérie des faifons.

(8)

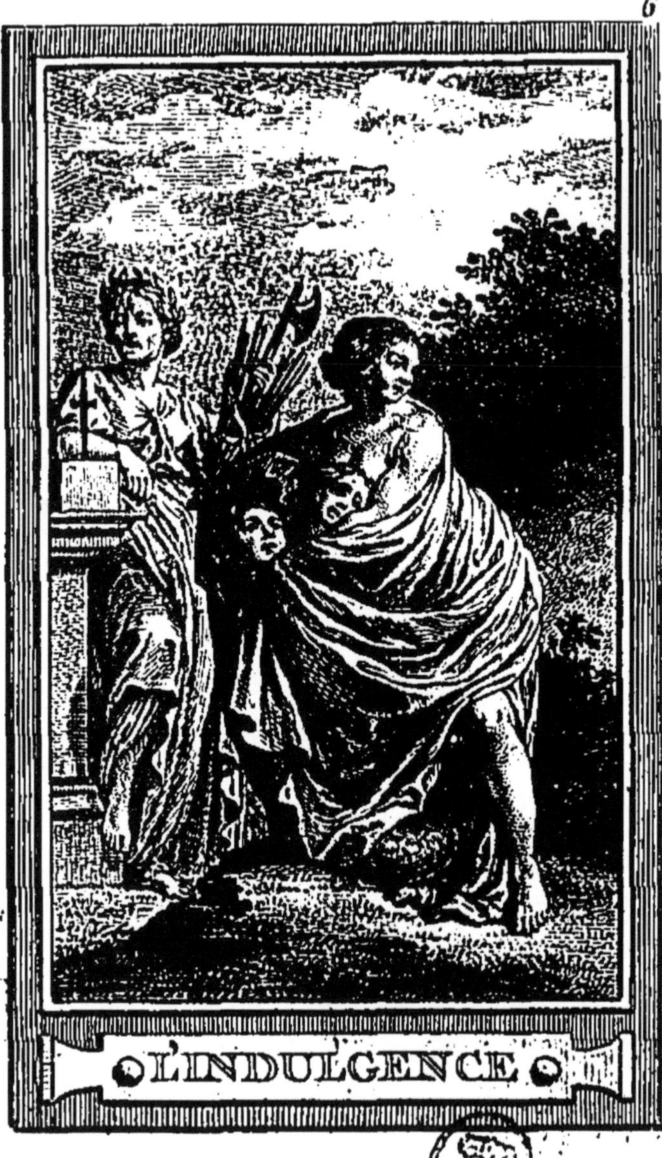

L'INDULGENCE

(,)

INDULGENCE.

Les divers attributs donnés à l'*Indulgence*,
quoique tirés de médailles antiques n'en
font pas moins obfcurs & inintelligibles.
Quelquefois c'eft une femme affife qui tient un
bâton éloigné d'elle, & une patère, dans une
autre on peint Cybèle affife fur un lion, tenant
un foudre, qu'elle femble jetter, & de l'autre
main une pique; ailleurs une femme entre un
taureau & un lion &c. Comme l'*Indulgence*
confifte à fe diffimuler à foi-même, & à
cacher aux autres les défauts d'autrui, on
a cru rendre mieux cette idée par l'emblême
d'une femme ayant auprès d'elle une harpie &
une firène, dont elle ne laiffe appercevoir
que le vifage, ou ce qui eft d'une femme, en
cachant leurs difformité fous fon voile.

SÉVÉRITÉ.

On la repréfente fous la figure d'une femme
âgée, le regard févère, & couronnée d'une

branche de chêne, attribut de la force. Elle s'appuye fur un cube, dans lequel eſt fixé un poignard, emblême de la fermeté & de l'inflexibilité. La *Sévérité* tient le faiſceau des licteurs, dont les verges font déliées, la hache élevée & prête à frapper ; ce dernier attribut n'a pas befoin d'explication. On pourroit encore ajouter un chien qui fe traîne en rampant, & lèche les pieds de la *Sévérité*.

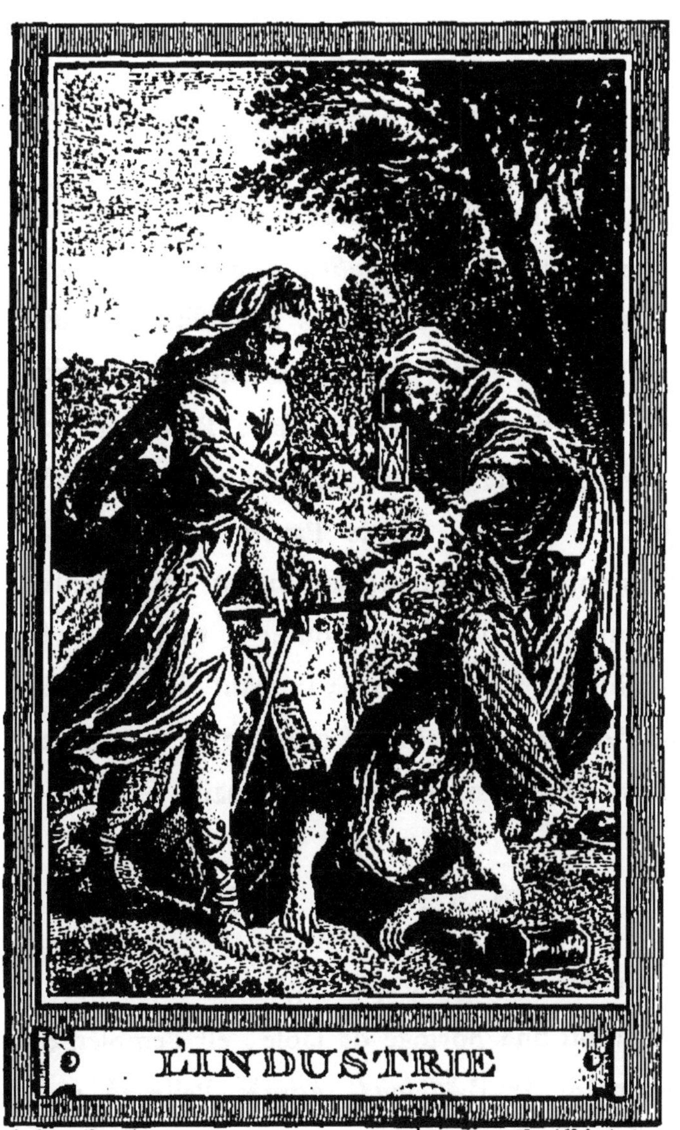

Cochin filius inv.   Longueil sculp.

INDUSTRIE.

Parmi les divers attributs que les iconologistes donnent à l'*Industrie*, on a fait usage
de ceux qui ont paru plus expressifs & plus
intelligibles. L'on peut représenter l'*Industrie*
par une femme, jeune, dans l'attitude de
marcher, tenant d'une main un gâteau, formé
par les abeilles, & de l'autre un caducée,
surmonté d'une main, au milieu de laquelle
est un œil ouvert. Le caducée a toujours été
l'emblême du commerce ; la main, le symbole
de l'*Industrie*, & l'œil, celui de la prudence
qui dirige les opérations de la main.

ASSIDUITÉ.

Une femme âgée, qui regarde couler avec
attention une horloge de sable, est l'emblême
ordinaire de l'*Assiduité*. Auprès d'elle est un
rocher entouré de lierre, parce que cette
plante, par la continuité de son attachement,

furmonte les plus grands obſtacles ; on pourroit y ajouter des fourmis qui traînent des
grains de bled.

NÉGLIGENCE.

Fille de la Pareſſe, la *Négligence* eſt repré-
ſentée par une femme à demi vêtue, les
cheveux & les habits en déſordre, & couchée
nonchalamment auprès d'une horloge de ſable
renverſée.

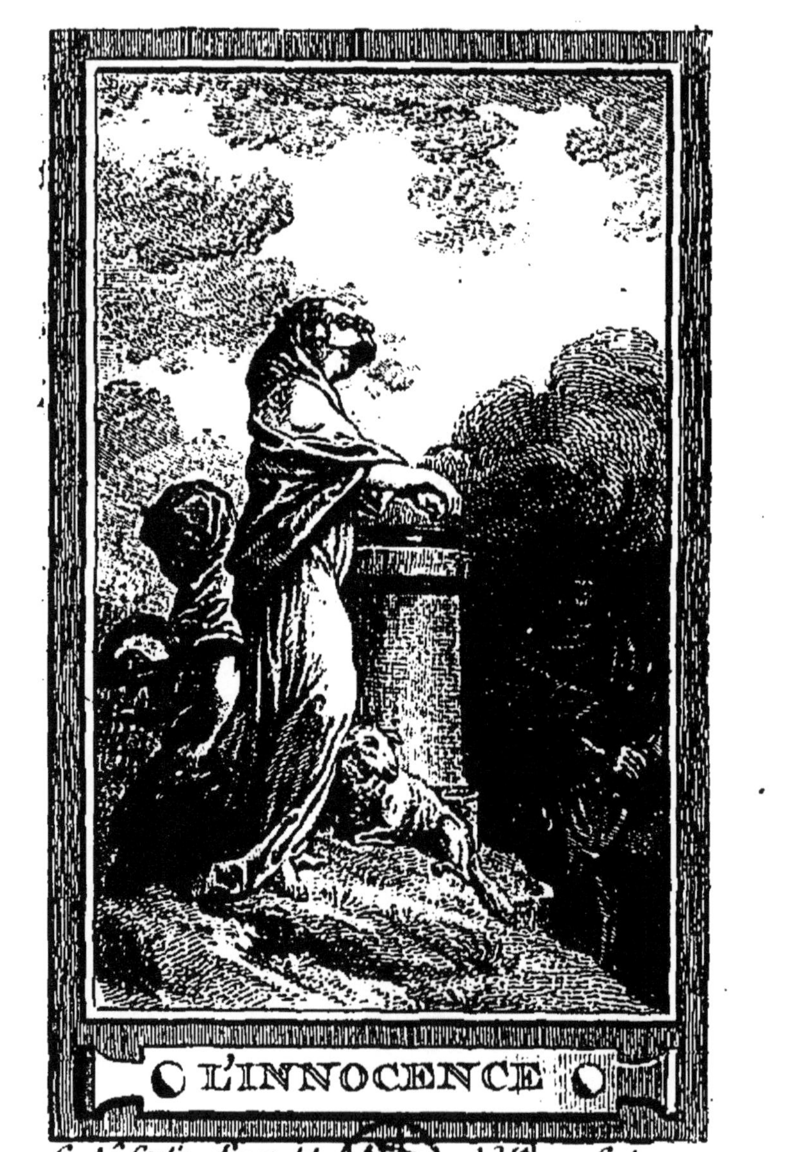

C. N. Cochin Eques del.   N. Le Mire Sculp.

INNOCENCE.

Une jeune fille, vêtue de blanc, ayant une couronne sur la tête, & dont les traits annonçent la candeur & l'ingénuité, est l'emblême sous lequel on repréfente l'*Innocence*. Elle fe lave les mains dans un baffin, placé fur un autel ; allufion à la coutume des anciens qui fe difculpoient ainfi des fauffes accufations portées contre eux. L'agneau placé auprès de l'*Innocence*, eft fon attribut diftinctif.

CRIME.

Un homme, dont le regard eft fombre & farouche, marchant dans les ténèbres, & enveloppé d'un nuage, eft l'emblême du *Crime*. Il tient cachés le poignard, l'épée, & la coupe de poifon. On peut y ajouter des ferpens qui femblent fortir de fon cœur, comme de leur repaire. Le fond du tableau pourroit repréfenter un ciel orageux & la foudre s'élançaut d'un nuage, pour indiquer que le *Crime* est toujours pourfuivi par la vengeance célefte.

.PERFIDIE.

ON donne pour attribut à la *Perfidie* un ferpent, un piége & un hameçon, fymboles de la fauffeté avec laquelle ce monftre cherche à exécuter fes affreux projets.

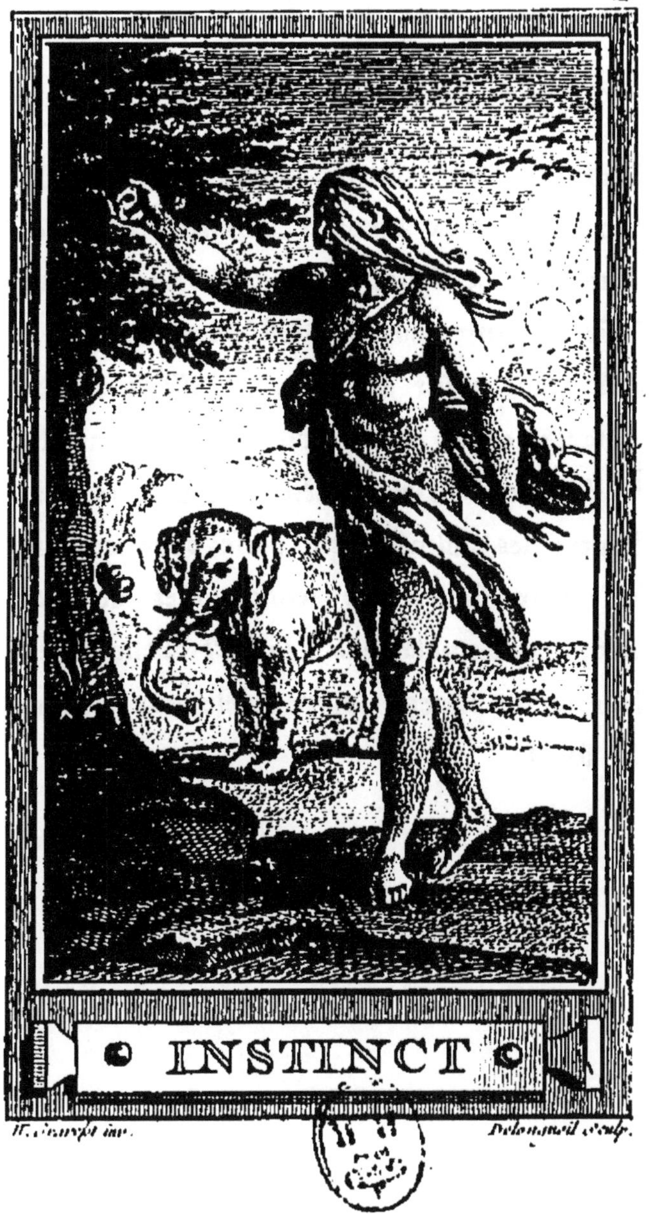

INSTINCT

INSTINCT.

Impulsion de la nature commune à l'homme & aux animaux, l'*Inflinct* fe repréfente fous la figure d'un jeune homme qui faifit un fruit pour fa fubfiftance, malgré le voile qu'il a fur les yeux. L'*Inflinct* eft repréfenté jeune, parce qu'il ne vieillit jamais. L'éléphant eft placé derrière lui, comme celui d'entre les animaux qui paffe pour en être le mieux doué. Les iconologiftes donnent encore pour emblême à l'*Inflinct* l'héliotrope, fleur qu'on prétend fuivre fidèlement le cours du foleil.

.(16)

INTELLIGEN

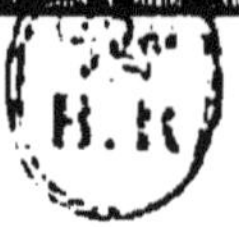

INTELLIGENCE

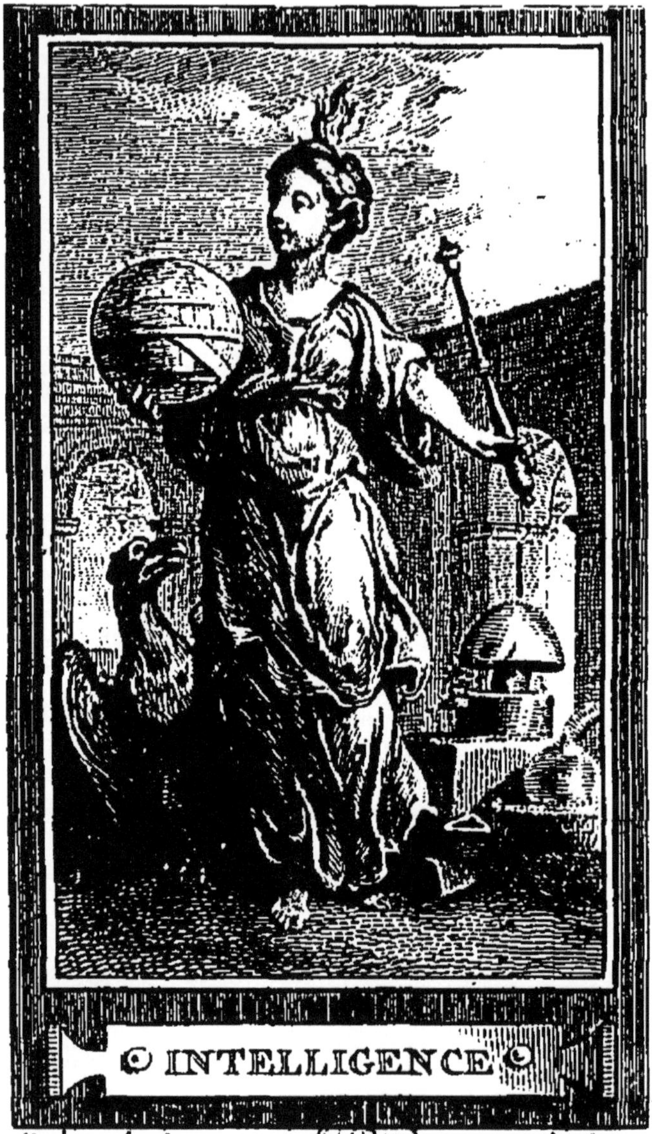

H. Grevedon inv.   Massard sc.

INTELLIGENCE.

FILLE de l'obfervation et mère de nos connoiffances , c'eft elle qui doit diriger toutes
nos opérations ; ce que défigne le fceptre,
fymbole du commandement, qu'on lui fait
tenir. La fphère que porte l'*Intelligence*, ainfi
que les attributs des ſciences placés auprès
d'elle, annoncent que c'eft à cette faculté de
l'ame qu'on doit leur utilité : la flamme qui
brille fur la tête de cette figure fymbolique,
peut être confidérée comme une étincelle de
l'*Intelligence* célefte. Entraînée par l'amour de
la vérité, l'*Intelligence* fe porte quelquefois aux
fpéculations les plus fublimes ; c'eft ce qu'on
a tâché d'exprimer par l'aigle qui fixe l'aftre
du jour, jufques auquel il paroît vouloir quelquefois s'élever.

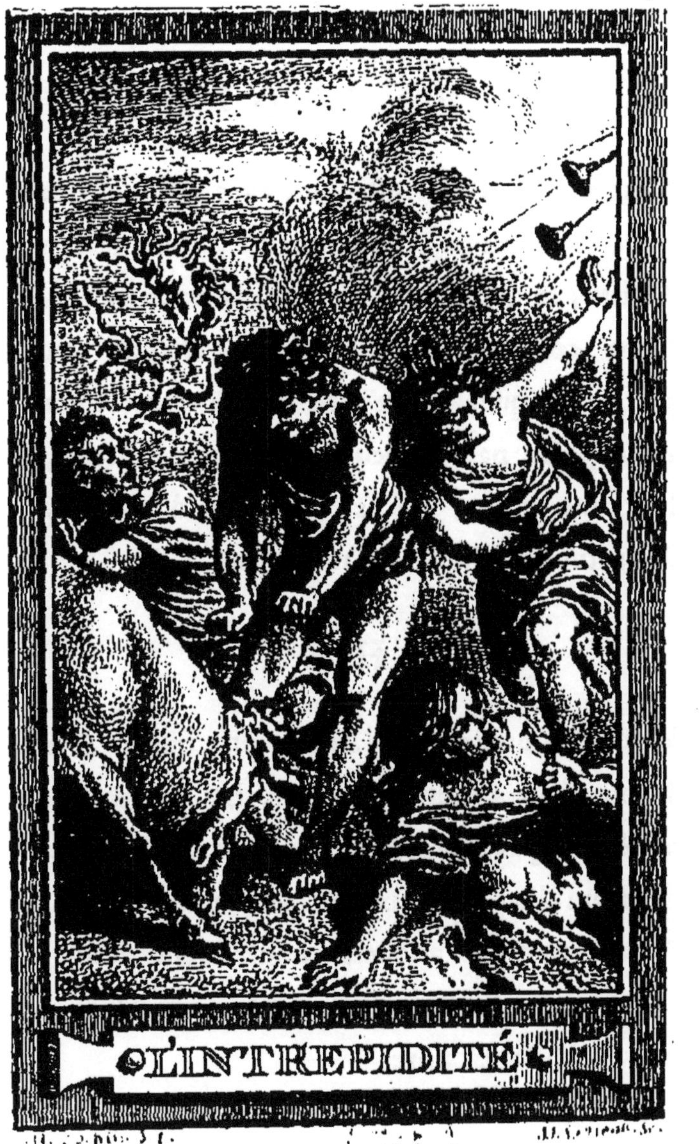

L'INTRÉPIDITÉ

INTRÉPIDITÉ.

Courage qui fait affronter avec assurance le péril et la mort. Cette qualité, ainsi que la Valeur, se rencontre quelquefois dans les scélérats comme dans les héros. D'après une pierre antique, on a cru devoir représenter l'*Intrépidité* par un jeune homme vigoureux, les bras nuds, & se disposant à soutenir l'impétuosité d'un taureau furieux.

LACHETÉ.

Vice honteux par lequel on trahit son devoir pour éviter le danger. La *Lâcheté* se représente par une femme mal vêtue, couchée dans un lieu fangeux, & tenant à la main l'oiseau nommé alloüette hupée. On donne encore pour attribut à la *Lâcheté* un lièvre, ainsi qu'à la Crainte.

CRAINTE.

Fille de la Nuit, la *Crainte* est représentée par une jeune fille ayant des oreilles de lièvre & des aîles aux pieds ; elle fuit au bruit du tonnerre & des trompettes qu'elle croit entendre.

EFFROI.

Un jeune homme qui pâlit & cherche à fuir à la vue d'une tête de Méduse , est l'emblême particulier de l'*Effroi;* on a cru devoir ajouter à la tête de Méduse des serpens volans.

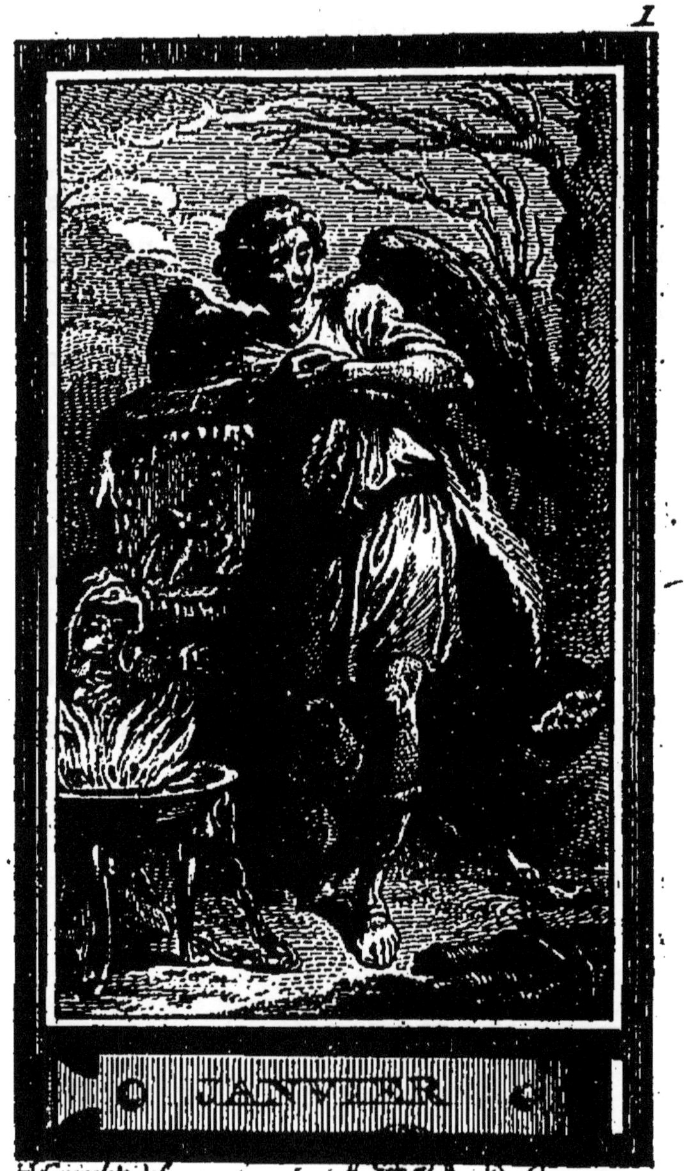

H. Gravelot del.   De Launay sc. 1770.

JANVIER.

Ce mois, & celui qui le suit, furent ajoutés à l'année romaine par Numa Pompilius, ils en étoient les derniers. Le nom de *Janvier* vient de Janus, divinité à laquelle le premier jour de ce mois étoit consacré. Les Mois, comme enfans du Temps, sont représentés avec des aîles. On donne à celui-ci une robe blanche pour désigner la neige dont la terre est presque toujours couverte pendant la durée de ce mois. La fourrure dont on le voit s'envelopper, exprime encore que c'est pendant ce mois que le froid se fait sentir avec le plus de rigueur ; c'est alors que les loups sont le plus à craindre, c'est pourquoi nous en avons introduit dans le tableau. Un enfant qui se chauffe, les arbres dépouillés de leurs feuilles, & le signe du verso, entouré de glaçons, achèvent de caractériser le mois de *Janvier*.

(33)

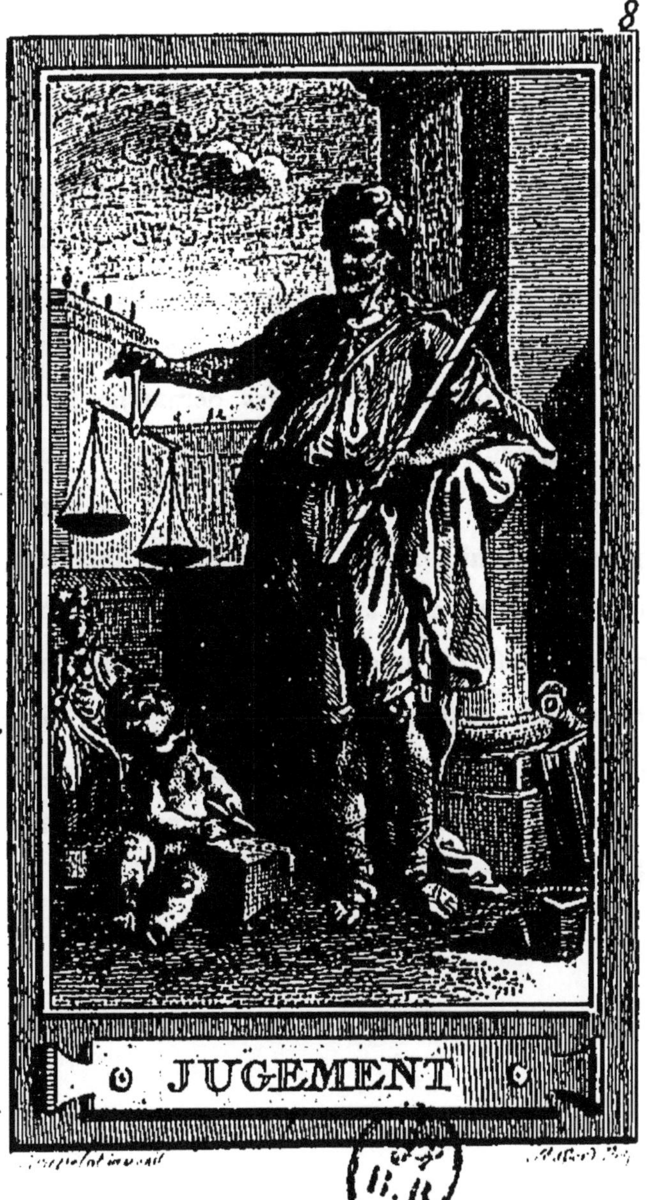
JUGEMENT

JUGEMENT.

Faculté de l'ame fortifiée par l'expérience, dont le symbole est ici la colonne, sur laquelle s'appuye le *Jugement*. La maturité de l'âge est l'expression qui lui convient. Le *Jugement* pèse ses discours & mesure ses démarches ; ce que désignent la balance & la règle qu'on lui fait tenir. Les creusets propres à éprouver les métaux, signifient que le *Jugement* y met les opinions. Il est aussi la pierre de touche du vrai mérite, c'est ce qu'on a cherché à faire entendre par l'action de l'enfant qui est à ses pieds ; la petite figure de Minerve qu'on apperçoit plus loin, indique le rapport intime du *Jugement* & de la sagesse.

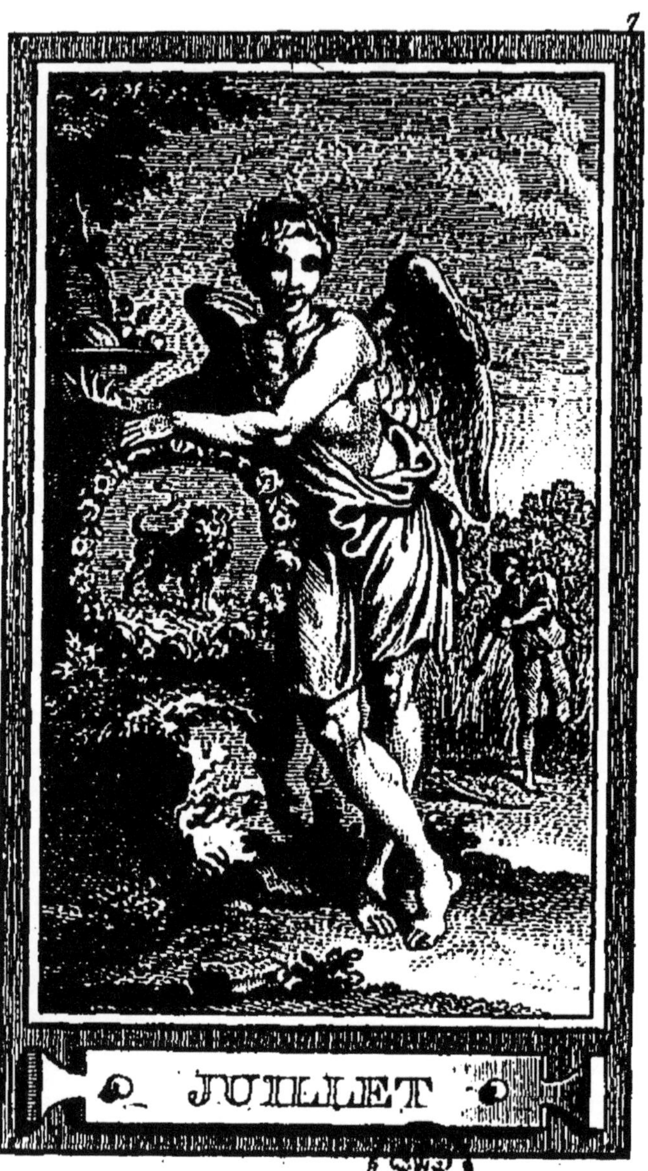
JUILLET

JUILLET.

L'ADULATION, pour honorer la naiſſance de Jules Céſar, donna le nom de *Julius* à ce mois , d'où il eſt aiſé de voir que vient celui de *Juillet;* avant cela on l'appelloit *Quintilis,* étant le cinquième de l'année appellée Martiale. On habille de jaune & l'on couronne d'épis le mois de *Juillet;* le lion eſt le ſigne qui le caractériſe, la furie de cet animal déſignant celle du ſoleil, lorſqu'il quitte le cancer ou l'écreviſſe. Les chaleurs exceſſives qu'on voit preſque toujours ſuivies d'une grande ſéchereſſe , donnent aux campagnes cette couleur jaune qu'on exige dans le vêtement de la figure de ce mois ; ce qu'autoriſe ſur-tout celle des bleds qui mûriſſent alors. La corbeille pleine de fruits, qu'on voit à ſes pieds , indique ceux dont ce mois abonde. Une de ſes richeſſes plus eſſentielle encore, orne le fond du tableau , c'eſt celle qui fait l'aliment des animaux qui ſervent & nourriſſent l'homme.

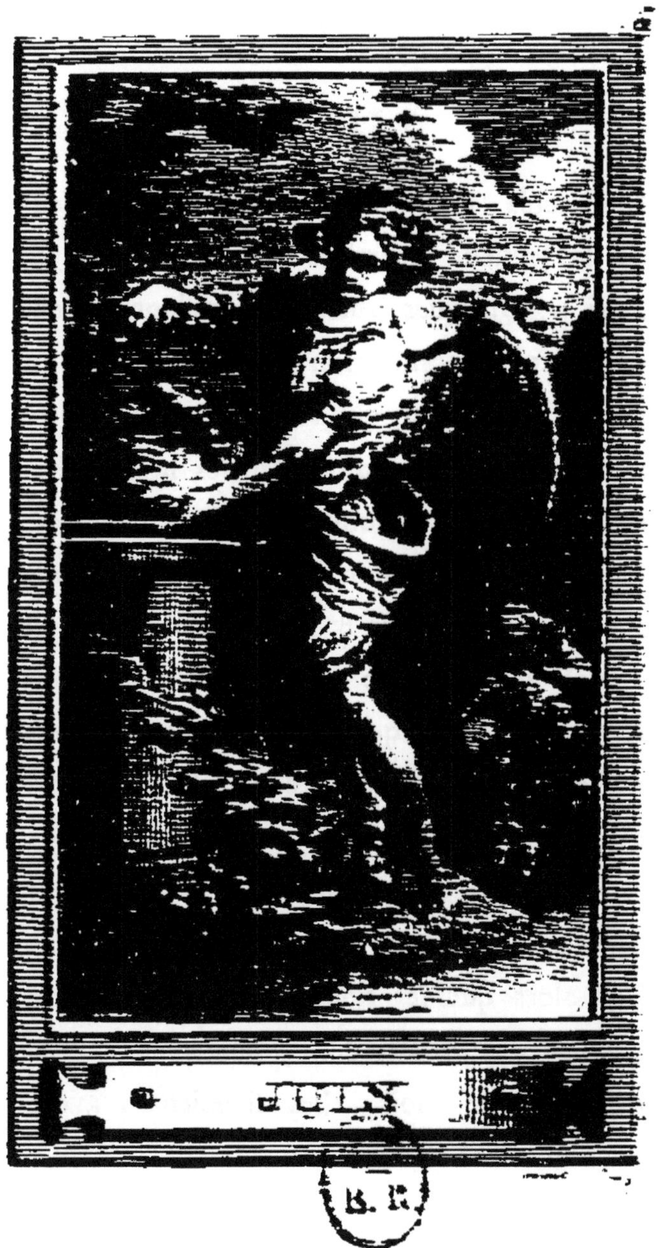
JULY

JUIN.

Ce mois fut ainſi nommé en l'honneur de la jeuneſſe guerrière de Rome, (voyez *Mai*). Quelques auteurs cependant croient que cette dénomination pourroit venir du temple de Junon qui fut conſacré le premier jour de ce mois ; d'autres la font dériver de Junius Brutus qui, dans ce même mois, chaſſa Tarquin de Rome. On habille d'un verd jauniſſant & l'on couronne d'épis le mois de *Juin* ; le ſigne de l'écreviſſe lui eſt donné, parce que le ſoleil parvenu dans ce ſigne au point de ſa courſe le plus élevé & le plus voiſin de nous, qui eſt le ſolſtice d'été , ſemble en commençant à s'éloigner marcher à reculons comme fait l'écreviſſe. C'eſt alors que les hommes s'enrichiſſent de la toiſon des brebis, dont, relativement à la chaleur de ce mois, elles ſemblent n'avoir plus beſoin.

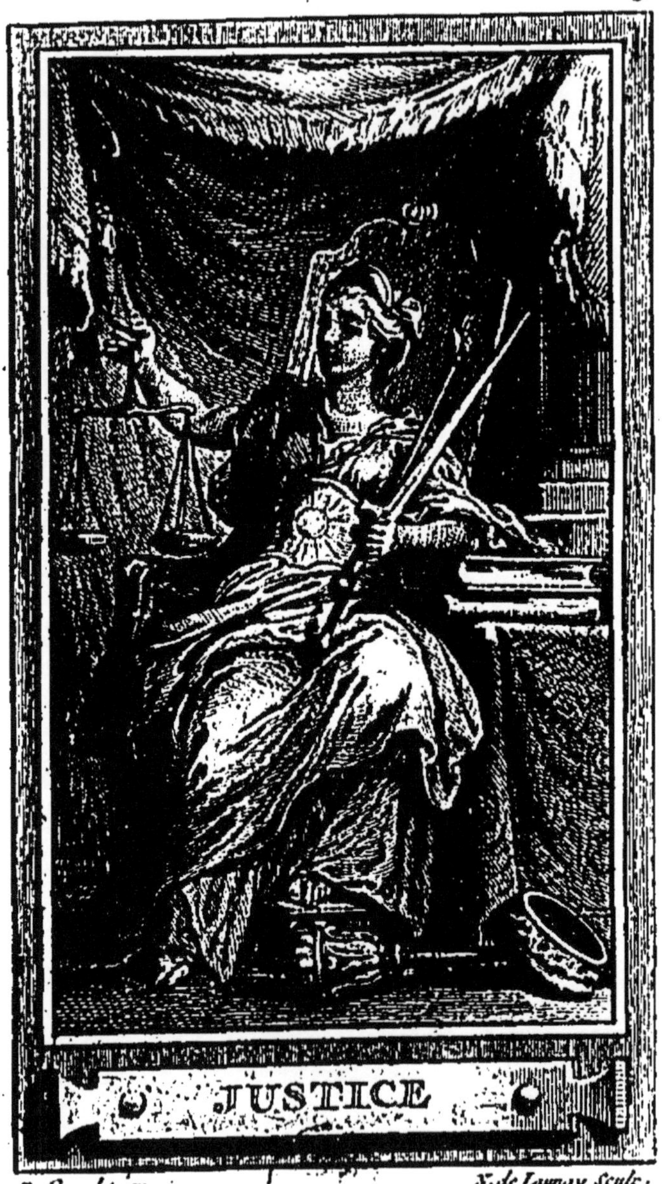

B. Gravelot inv.   N. de Launay Sculp.

JUSTICE.

L'EMBLÊME généralement reçu pour défigner la *Juſtice*, eſt la balance qui pèſe les droits du citoyen, & l'épée qui ſert à venger ces mêmes droits offenſés. Les devoirs que s'im-poſe la *Juſtice* & qui diſtinguent cette vertu, ſont la pureté de conſcience, exprimée par le ſoleil repréſenté ſur ſon eſtomac, & la connoiſſance des loix, ce qu'indiquent les livres du code & des inſtituts ſur leſquels la *Juſtice* eſt appuyée. Le bandeau royal qui ceint ſa tête, ainſi que le trône ſur lequel elle eſt aſſiſe, déſignent une des plus auguſtes fonctions du pouvoir ſouverain. Les attributs qui ſont à ſes pieds caractériſent la magiſtra-ture, à qui ſon adminiſtration eſt confiée; tels ſont à-peu-près les emblêmes ſous leſquels Raphaël a repréſenté la *Juſtice* dans le Vatican.

(30)

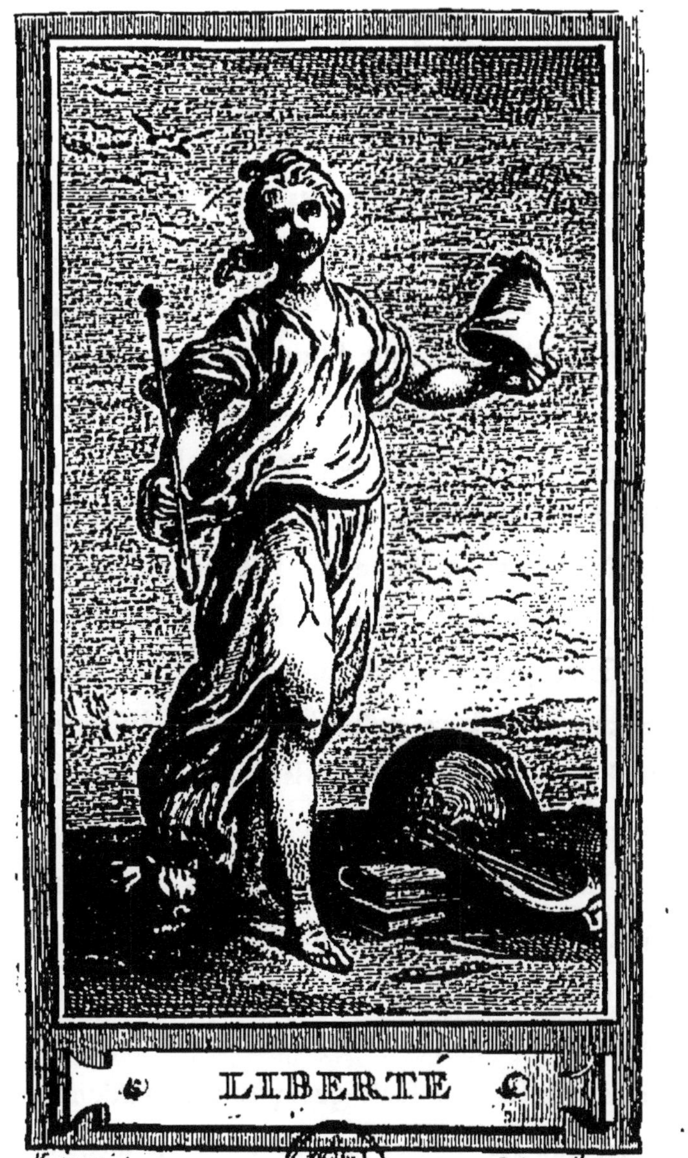

LIBERTÉ

LIBERTÉ.

Dɪvɪɴɪᴛᴇ̀ à laquelle les anciens avoient
élevé un temple & érigé des statues. On la
repréſente ſous l'emblême d'une jeune femme,
vêtue de blanc, tenant d'une main un ſceptre
& de l'autre un bonnet. Le ſceptre exprime
l'empire que par elle l'homme a ſur lui-même.
Quant au bonnet qu'on lui voit dans l'autre
main, c'étoit le ſigne de l'affranchiſſement
chez les Romains. Elle eſt la mère des con-
noiſſances, de-là ſon nom donné aux arts
libéraux ; c'eſt ce qu'indiquent les différens
attributs répandus à ſes pieds. Les oiſeaux qui
changent de climat avec les ſaiſons, ainſi
que les vaiſſeaux qui voguent, ſemblent
ajouter à la peinture du plus grand des biens.
Le chat, ennemi de la contrainte, achève
de caractériſer la *Liberté*, c'étoit l'emblême de
cette déeſſe. On ſçait que pluſieurs nations,
telles que les Alains, les Suèves & les anciens
Bourguignons portoient un chat dans leurs
étendards.

LIBER

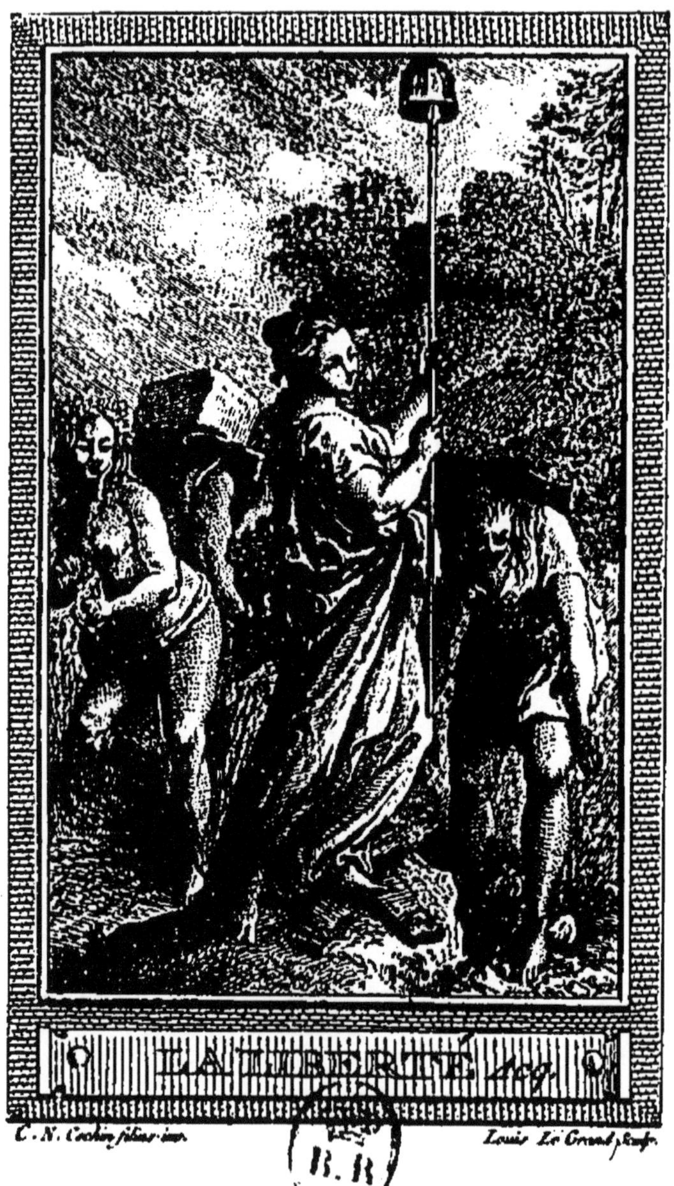

C. N. Cochin filius inv.   Louis Le Grand Sculp.

LIBERTÉ ACQUISE PAR LA VALEUR.

Une femme tenant une pique furmontée d'un bonnet, & foulant aux pieds un joug : tel eft l'emblême que les anciens ont donné à la *Liberté acquife par la valeur*, & c'eft ainfi que cette figure eft repréfentée fur une médaille d'Héliogabale. Voyez *Liberté*.

LICENCE.

Les iconologiftes repréfentent la *Licence* par une femme nue, échevelée, ayant une couronne de vigne fur la tête. La couronne de vigne eft relative aux excès où fe portoient les bacchantes. La *Licence* brife le frein de la raifon, traverfe, foule aux pieds un champ de bled, & franchit la borne & la haie qui l'entoure.

DÉSOBÉISSANCE.

Une jeune femme qui rompt un frein, peut encore fervir de fymbole à la *Défobéiffance* ;

mais comme elle eſt fille de l'orgueil & de la préſomption, on doit lui donner une coëffure de plumes de paon, & annoncer dans ſes traits & ſon maintien, l'arrogance & le mépris.

SERVITUDE.

On la repréſente par une femme échevelée, vêtue d'habits courts, & ayant des aîles aux talons ; ſymbole de la prompte obéiſſance qu'on exige de la *Servitude.* Elle marche dans un chemin rempli de pierres & d'épines, & porte un joug ſur ſes épaules ; alluſion aux mortifications qu'éprouve la *Servitude.*

ESCLAVAGE.

L'emblême de l'*Eſclavage* eſt un homme preſque nud, la tête raſée, fléchiſſant ſous la péſanteur d'un joug, ſur lequel eſt poſé une groſſe pierre, & ayant les pieds & les mains chargés de chaînes.

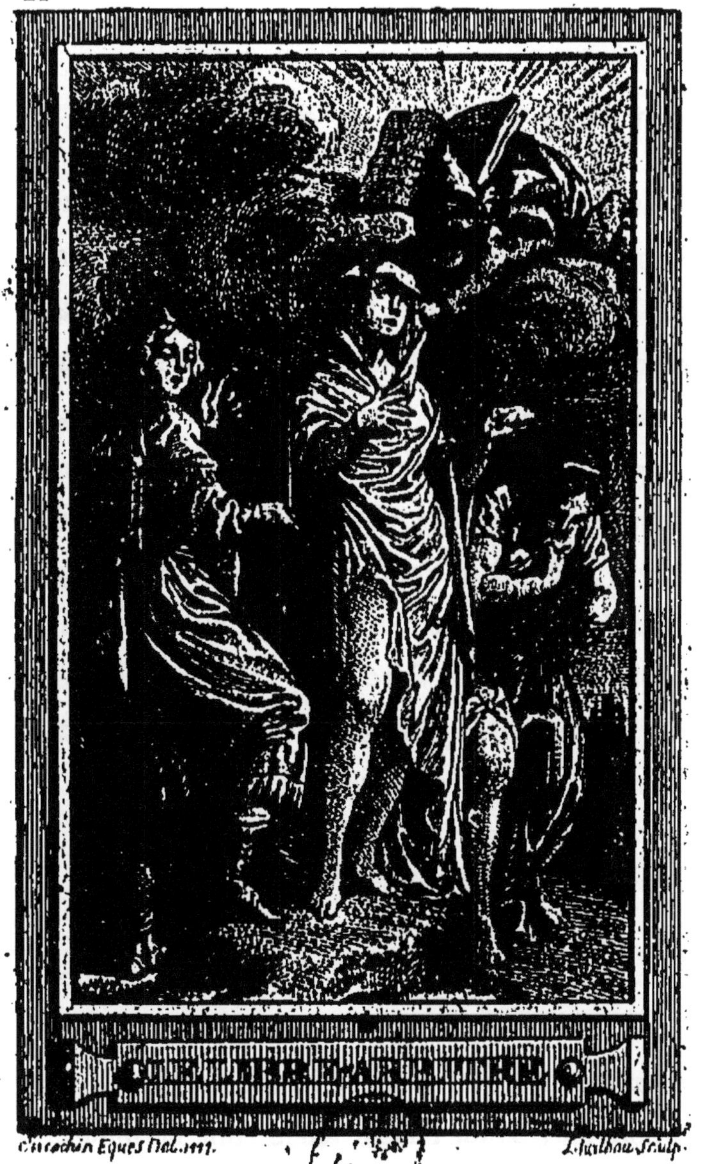

C. Cochin Eques Del. 1777.   L. Surleau Sculp.

LIBRE ARBITRE.

ON le peint sous la figure d'un jeune homme, vêtu d'habits royaux de diverses couleurs, & la tête ornée d'une couronne d'or. De la main droite il tient un sceptre au bout duquel est la lettre Y, qu'on regarde, d'après une sentence de Pithagore, comme l'emblême des deux voyes que l'homme peut suivre, & qui le conduisent, l'une au bien, l'autre au mal. On a cru pouvoir ajouter à ces emblêmes celui de faire tenir au *Libre-arbitre* le sceptre en équilibre, ce qui désigne la liberté de le faire pencher à sa volonté.

PRÉDESTINATION.

ELLE est représentée sous les traits d'une femme couverte d'un voile d'argent, les yeux tournés vers le ciel, la main droite sur la poitrine, & de l'autre tenant une hermine, animal qui, dit-on, ne peut souffrir aucune ſouillure. Nous y ajoutons un livre poſé ſur un nuage, & un ange qui la tire doucement par ſon voile, pour montrer que la *Prédeſti-nation* n'eſt point forcée, mais déterminée, par attrait, vers le bien.

NÉCESSITÉ.

Les anciens avoient conſacré un culte à la *Néceſſité;* ſes ſtatues la repréſentoient tenant un marteau & des clous; on connoît le proverbe qui dit : il n'eſt plus temps de délibérer, le clou eſt enfoncé. Mais comme cet emblême ne parle pas aſſez aux yeux, on a cru pouvoir ajouter à la ceinture de la *Néceſſité* un poids conſidérable qui l'entraîne malgré elle.

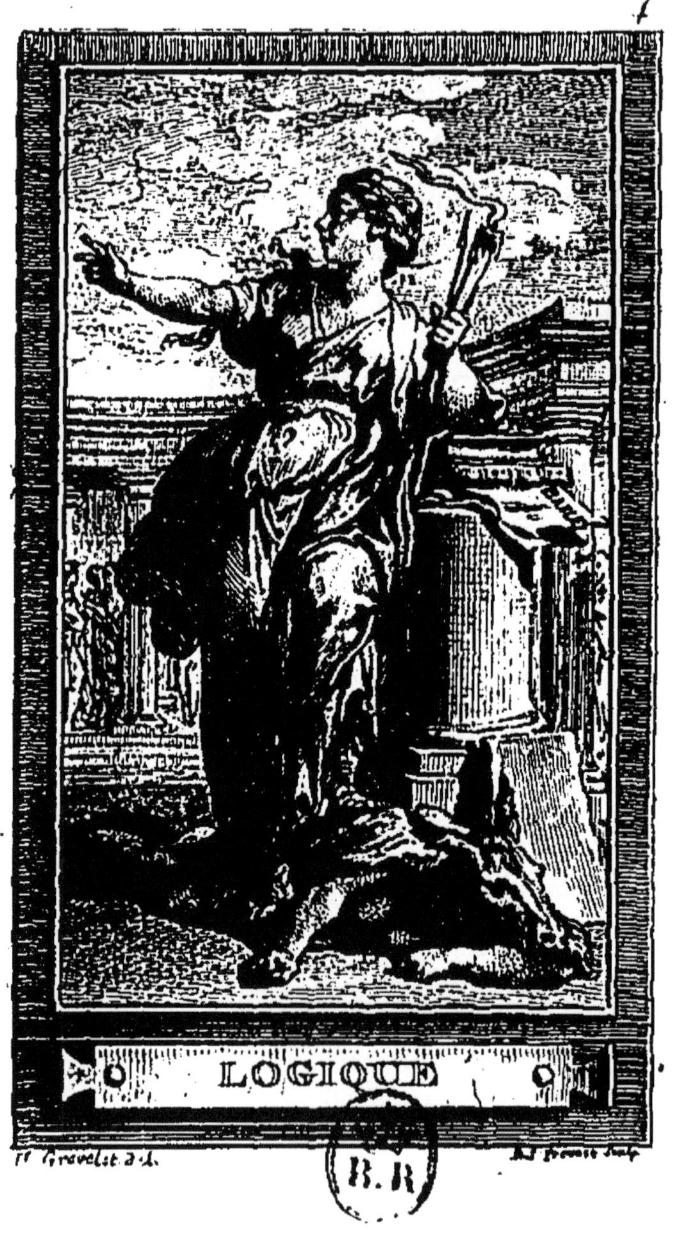

Hub. Gravelot d. l.   Aug. de Saint Aubin sculp.

LOGIQUE.

Interprète de la raifon, la *Logique* annonce par fon action qu'elle démontre une vérité. Le flambeau joint aux traits qu'elle tient, expriment la clarté & l'expreffion de fes argumens, comme les livres & la colonne fur lefquels elle s'appuye en fignifient les fondemens & la folidité. La *Logique* foule aux pieds l'ignorance ; & le lycée d'Athènes qu'on apperçoit dans le fond, a paru l'épifode la plus convenable au fujet.

(38)

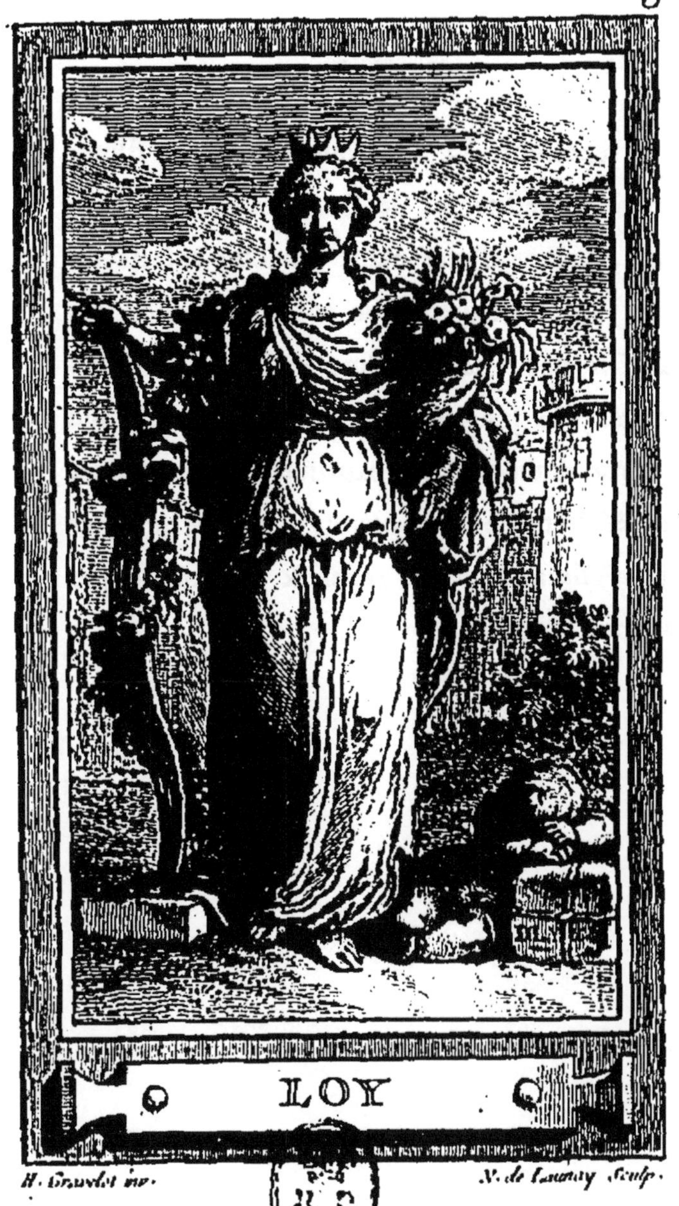

H. Gravelot inv.

N. de Launay Sculp.

L O I.

On repréſente la *Loi* ſous l'emblême d'une
femme majeſtueuſe, le front ceint d'un diadême, tenant d'une main un joug enlaſſé de
fleurs, & de l'autre une corne d'abondance.
La *Loi* porte le diadême comme reine des
ſociétés; le joug enlaſſé de fleurs, ainſi que
la corne d'abondance, expriment les avantages
qui réſultent de ſon pouvoir; l'enfant qui dort
près d'elle annonce le repos & la ſécurité que
les *Loix* procurent.

(40)

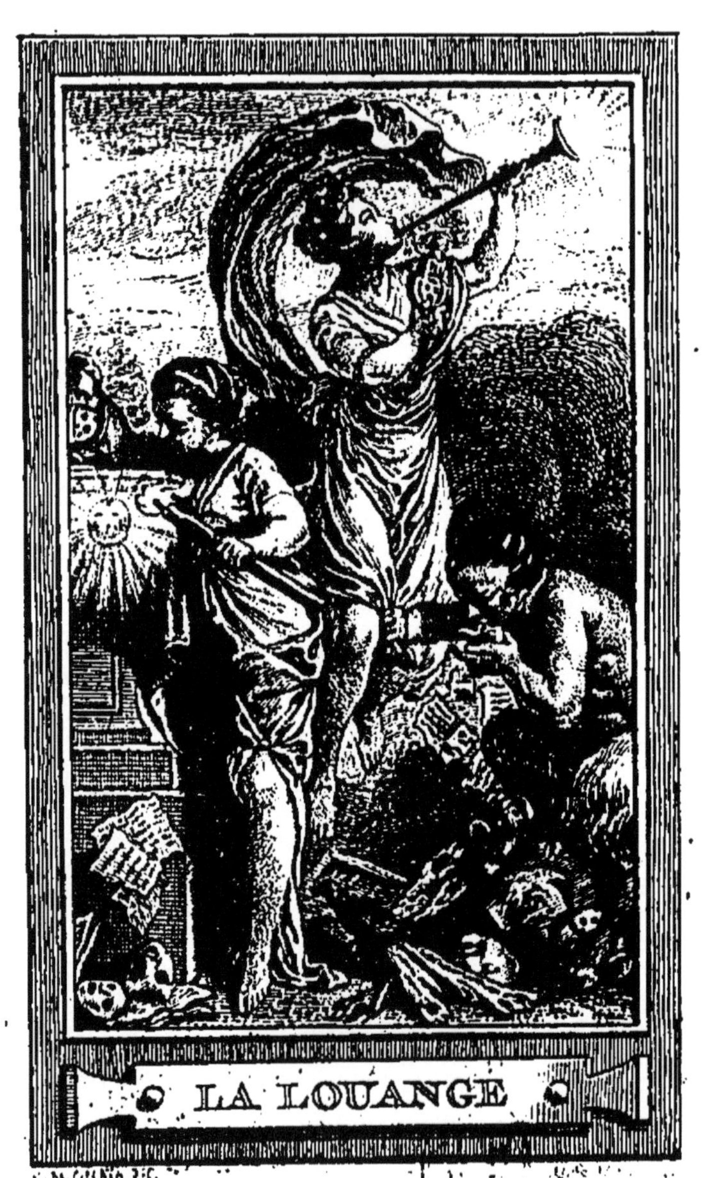
LA LOUANGE

LOUANGE.

Sous l'emblême d'une belle femme, couronnée de rofes & vêtue de blanc, on repréfente la *Louange*; la couleur de fes vêtemens eft le fymbole de la fincérité, & les rofes indiquent que la *Louange* eft toujours agréable lorfqu'elle eft fincère. Elle fonne de la trompette, d'où fort des rayons de gloire, & tient une caffolette dont elle refpire l'encens.

CRITIQUE.

Cette figure pourroit être repréfentée fous divers emblêmes relativement à l'efprit qui l'anime, & aux connoiffances qu'elle exige. On fe borne ici à repréfenter la *Critique* par une femme qui étouffe la fumée d'une caffolette, & qui, à l'aide de fon flambeau, fait appercevoir des taches dans le foleil. La *Critique* fait tomber autour d'elle de beaux mafques derrière lefquels on en voit paroître de défectueux ; à ſes pieds eſt un geai à demi dépouillé des plumes du paon, dont il s'étoit paré.

SATYRE.

On repréſente ordinairement la *Satyre* par un des êtres de ce nom, auxquels les poëtes ont donné des pieds de bouc & des cornes au front. La *Satyre* s'efforce de retenir la Louange , & déchire, à belles dents, divers écrits qu'elle met en lambeaux. Des tableaux crevés, des têtes de ſculpture mutilées, des ornemens d'architecture briſés, ainſi que des caſſolettes, ſont foulés aux pieds par la *Satyre.*

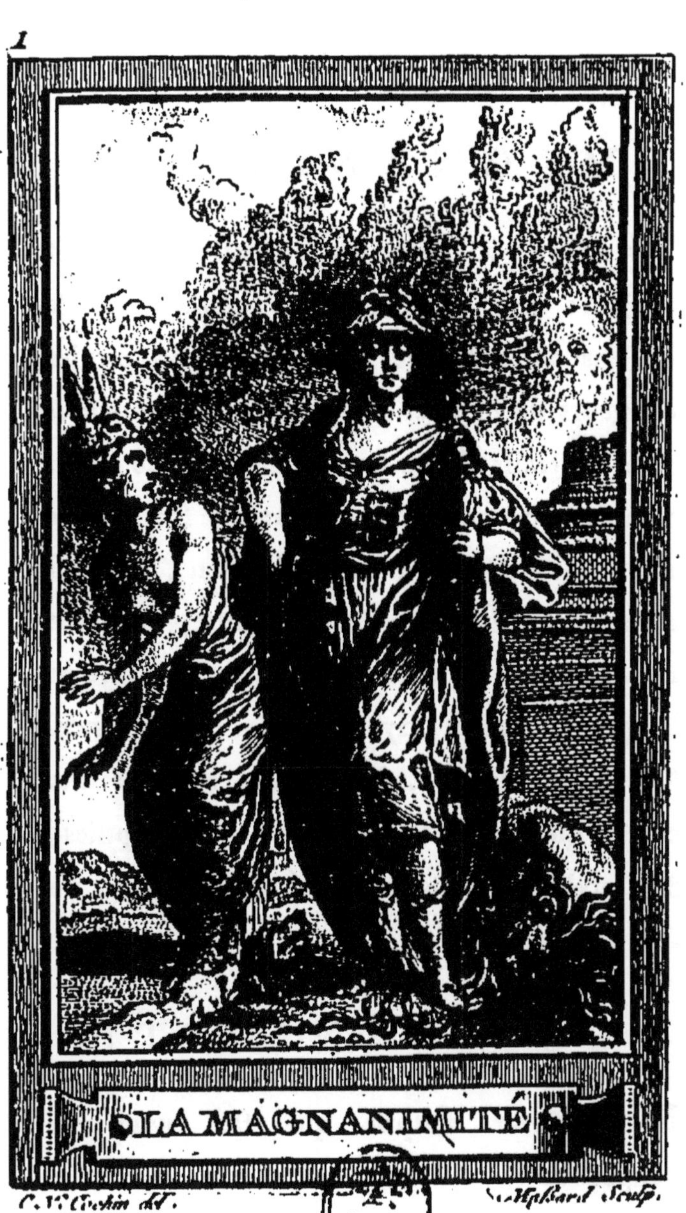

C. N. Cochin del.
Massard Sculp.

MAGNANIMITÉ.

GRANDEUR de courage, vertu qui doit toujours être l'apanage des fouverains , & qui les porte à faire le bien en méprifant les clameurs de l'envie. On peint la *Magnanimité* fous les traits d'une femme majeftueufe, dans une attitude noble & impofante ; fon cafque eft furmonté d'une peau de lion ; elle eft appuyée fur la bafe d'une colonne, emblême de la force , & tient en main un javelot la pointe baiffée, fymbole de la clémence. Aux pieds de la *Magnanimité* on voit des chiens qui aboyent, des ferpens, des reptiles, & l'envie qui ronge, en frémiffant, le fer de fon javelot.

PUSILLANIMITÉ.

FOIBLESSE d'efprit qui fait voir du danger où il n'y en a point. On repréfente la *Pufillanimité* par une jeune fille pâle,

effrayée, regardant derrière elle avec inquié-
tude, & fléchiſſant les genoux par la crainte
que lui cauſe la vue des phantômes qu'elle
apperçoit dans les nuages.

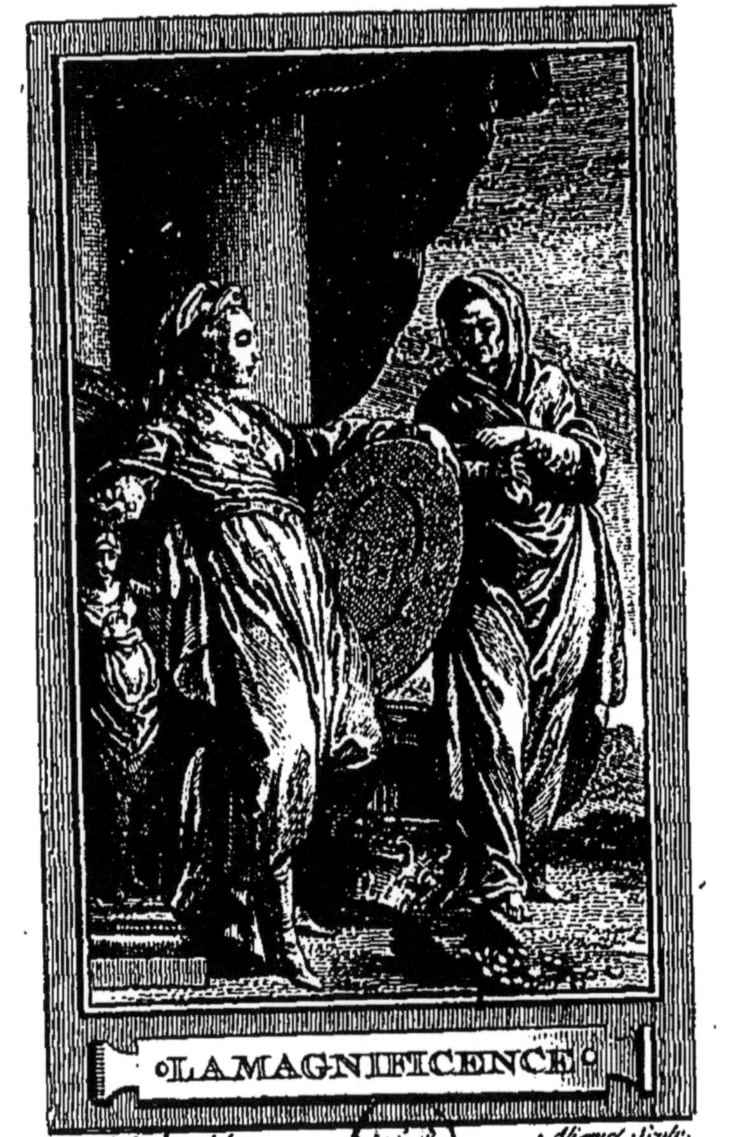

C. N. Cochin del.

Aliamet Sculp.

MAGNIFICENCE.

Qualité qui doit appartenir aux rois,
aux princes & aux grands. On la représente sous l'emblême d'une femme vêtue avec
somptuosité, parée du diadême, tenant d'une
main le plan d'un vaste édifice, & s'appuyant
sur une figure de Pallas. Auprès d'elle sont
des chapiteaux de colonnes & une boîte contenant des joyaux & des monnoies d'or &
d'argent. Ces divers emblêmes annoncent que
les souverains, dans la distribution de leurs
faveurs & la construction des édifices, doivent
consulter la prudence, le goût & l'utilité
publique.

PARCIMONIE.

La *Parcimonie* semble tenir le milieu entre
l'avarice & l'économie ; ce n'est ni une vertu,
ni un vice, mais un défaut qui suppose un
penchant à se refuser, non le nécessaire, mais

ce qui peut être agréable. La *Parcimonie* se peint fous la figure d'une vieille femme, vêtue très-fimplement, tenant d'une main une bourfe fermée & de l'autre un compas, fymbole de la régularité & de la prévoyance; c'eft pourquoi les iconologiftes donnent pour devife à la *Parcimonie : In melias fervat :* je le garde pour une meilleure occafion.

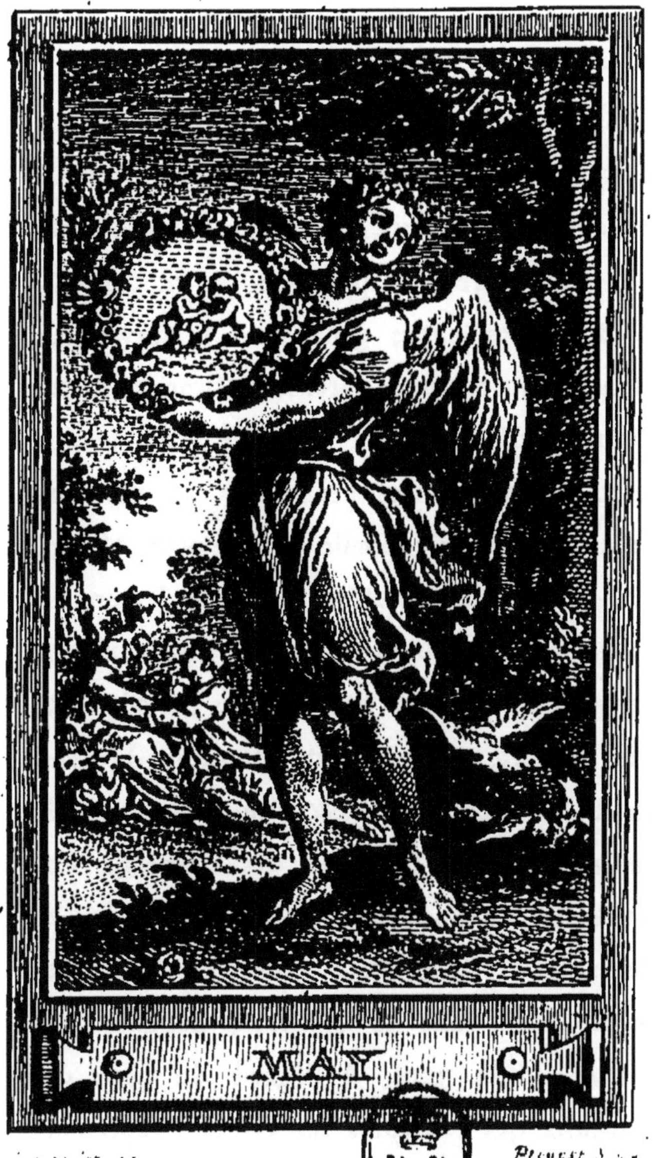

MAY

M A I.

ROMULUS ayant divifé le peuple romain en deux claffes, l'une compofée des vieillards pour gouverner la République par le confeil, & l'autre des jeunes gens pour la fervir par les armes, crut une pareille inftitution digne d'être tranfmife à la poftérité, & voulut qu'en l'honneur des premiers, ou des anciens, ce mois fût appellé de leur nom *Majus*, d'où vient celui de *Mai*; & qu'également en l'honneur des jeunes gens, le mois fuivant fût appellé de leur nom *Junius*, d'où vient celui de *Juin*. On donne au mois de *Mai* un habillement verd & une couronne de fleurs; il tient le figne des gémeaux entouré de rofes, avec un rameau verd. Les fleurs de fa couronne, celles de fon vêtement, ainfi que le rameau, défignent la parure de la terre. A l'égard du figne des gémeaux qui, d'après les Grecs, repréfente Caftor & Pollux, les iconologiftes prétendent

que ce figne indique la force du foleil qui
redouble, dans ce mois ; mais il faut con-
venir que l'explication de cet emblême eft
très-peu fatisfaifante. L'attribut donné à ce
mois par les premiers obfervateurs du ciel
étoit plus naturelle. Les orientaux mettoient
au lieu de Caftor & Pollux deux chevreaux,
parce que la chèvre produit plus communé-
ment deux petits qu'un feul ; allufion à la
fertilité de la terre qui, dans ce mois, reffent
l'influence 'de cette chaleur productive ré-
pandue dans toute la nature. C'eft ce qu'on
a voulu indiquer par les deux épifodes qui
accompagnent la figure de ce mois.

MARS.

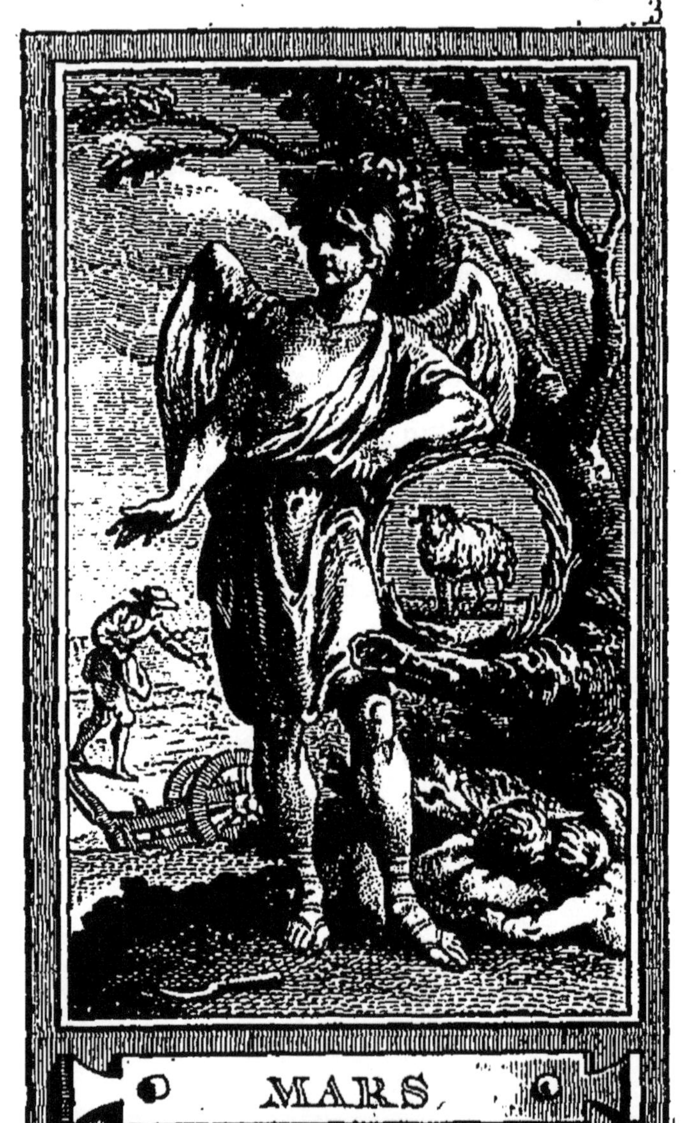

MARS

MARS.

Ce mois étoit le premier de l'année chez les romains. Il est représenté dans une contenance fière, & coëffé d'un casque, à cause du dieu dont il porte le nom. Romulus, qui cherchoit à former un peuple guerrier, & qui dans cette vue se disoit fils de *Mars*, lui consacra ce mois. C'est pour rappeller ce fait qu'on a introduit dans le tableau la louve allaitant Remus & Romulus. On habille ce mois de couleur tannée, image de la terre privée de sa parure. C'est par une semblable analogie que, suivant quelques iconologistes, le signe du bélier lui est donné; cet animal foible par derrière & fort par devant, est pris ici comme l'emblême de la chaleur progressive du soleil. On sait que les semailles qui se font dans ce mois en prennent leur nom. Quant à la guirlande qui entoure le signe, elle annonce la première verdure qui, pour parer le fein de la terre , femble attendre l'équinoxe du printemps. Voyez à l'article *Janvier* , la raifon pour laquelle on donne des ailes aux figures qui repréfentent les mois.

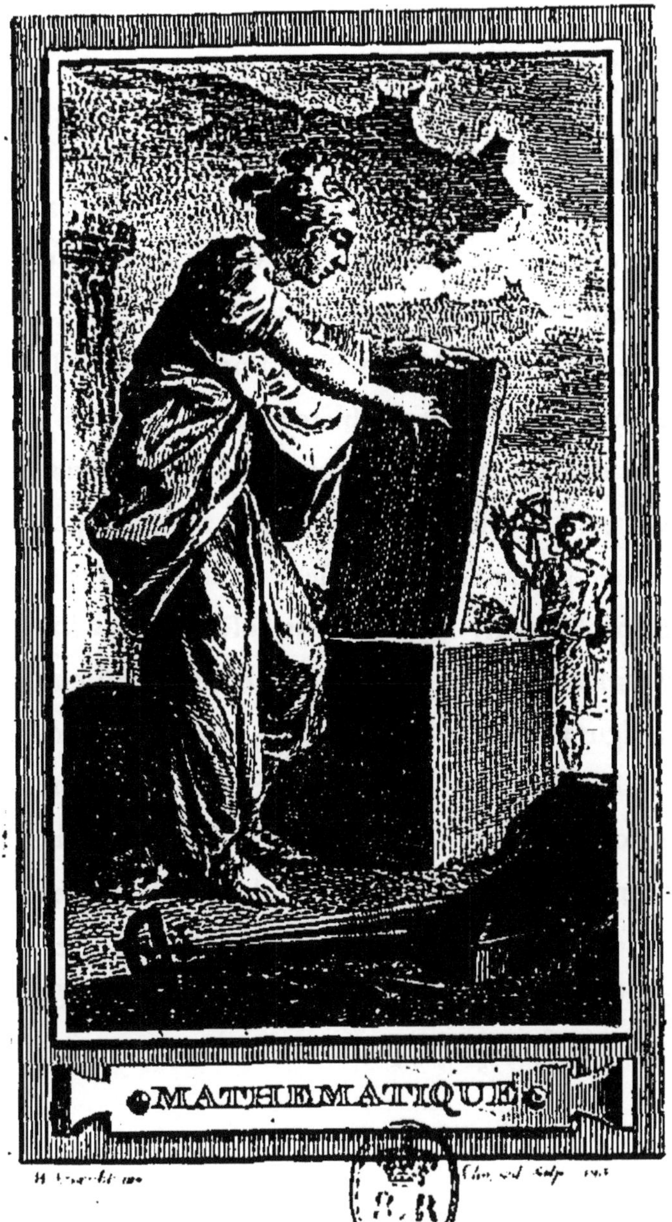

MATHEMATIQUE

MATHÉMATIQUE.

C'est la première des fciences exactes ; elle a pour objet la connoiffance de l'étendue. Les ailes qu'on voit à la tête de la figure qui la repréfente, & la fphère qui eft près d'elle, font entendre qu'elle mefure l'immenfité. Elle paroît occupée du problême de l'hypoténufe, une des premières découvertes des *Mathématiques*. Le cube qui foutient la table défigne les trois grandeurs poffibles, hauteur, largeur & profondeur. Les différens folides & les inftrumens repréfentés dans le tableau, ainfi que la figuro qui, dans le lointain, paroît prendre la hauteur d'un objet élevé, caractérifent encore le genre d'étude & l'utilité des *Mathématiques*. Il eft inutile d'obferver que fes différentes branches font autant de fciences diftinctes, telles que la géométrie, la méchanique, l'optique, &c.

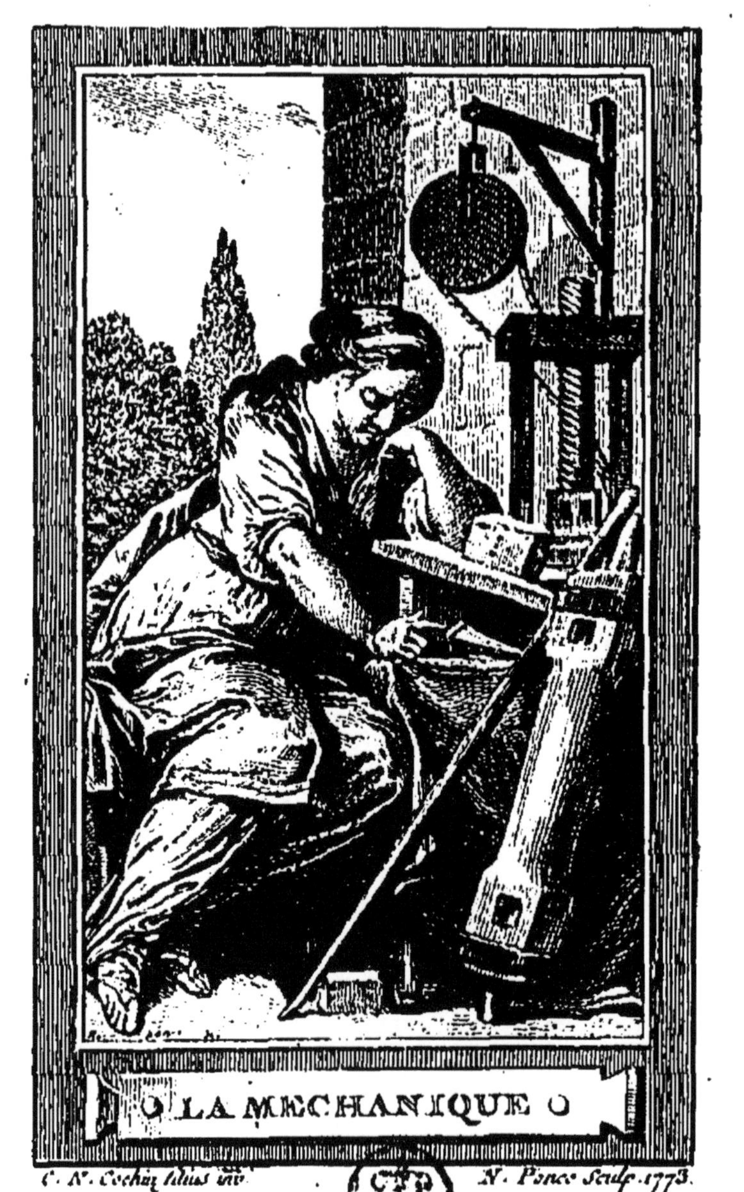

C. N. Cochin filius inv.   N. Ponce Sculp. 1773.

MÉCHANIQUE.

Cᴇᴛᴛᴇ science fait partie des Mathématiques, & enseigne tout ce qui a rapport aux loix de la nature & du mouvement. On représente la *Méchanique* par une femme qui réfléchit sur les propriétés des principales puissances Méchaniques, tels que le levier, le treuil ou cabestan, la poulie, le plan incliné, la vis, &c.

(54)

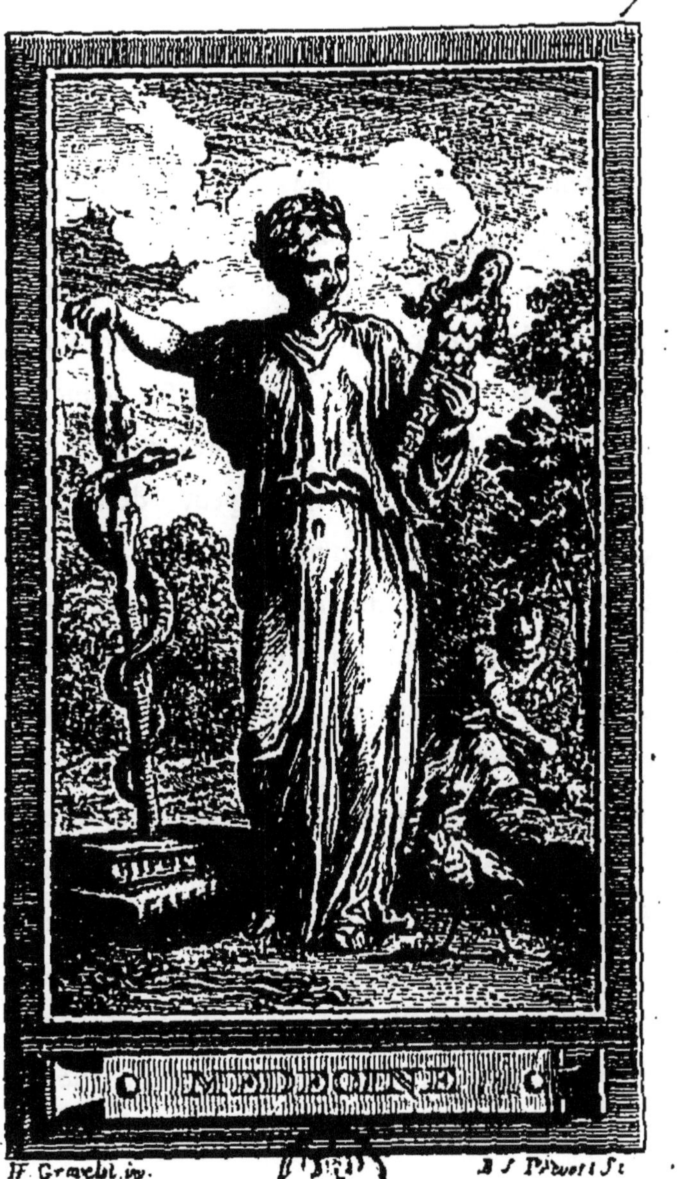

H. Gravelot in.   B.S. Pinwell Sc.

MÉDECINE.

ON peint la *Médecine* fous les traits d'une femme âgée, pour annoncer que l'expérience eft la bafe de cette fcience. Elle tient une figure de la nature, objet continuel de fes obfervations; & le bâton noueux, fur lequel elle s'appuie, exprime les difficultés dont fon étude eft accompagnée. Le ferpent, dont la peau, dit-on, fe renouvelle, & qui par-là eft l'emblême reçu de la fanté, entoure ce bâton, qui pofe fur les ouvrages des deux plus célèbres médecins de l'antiquité. Le coq, confacré à Efculape, dieu de la *Médecine* chez les anciens, doit être regardé comme le fymbole de la vigilance, fi convenable au médecin; la bride & fon mors, eft celui de la tempérance, fi indifpenfable au convalef-cent. La figure qu'on voit dans le fond, & qui paroît cueillir des plantes, défigne les fecours que la nature y a renfermés, & dont

D 4

la *Médecine* fait faire ufage , auffi en eft elle couronnée. Efculape étoit repréfenté chez les Grecs avec les mêmes attributs qu'on donne à la *Médecine.*

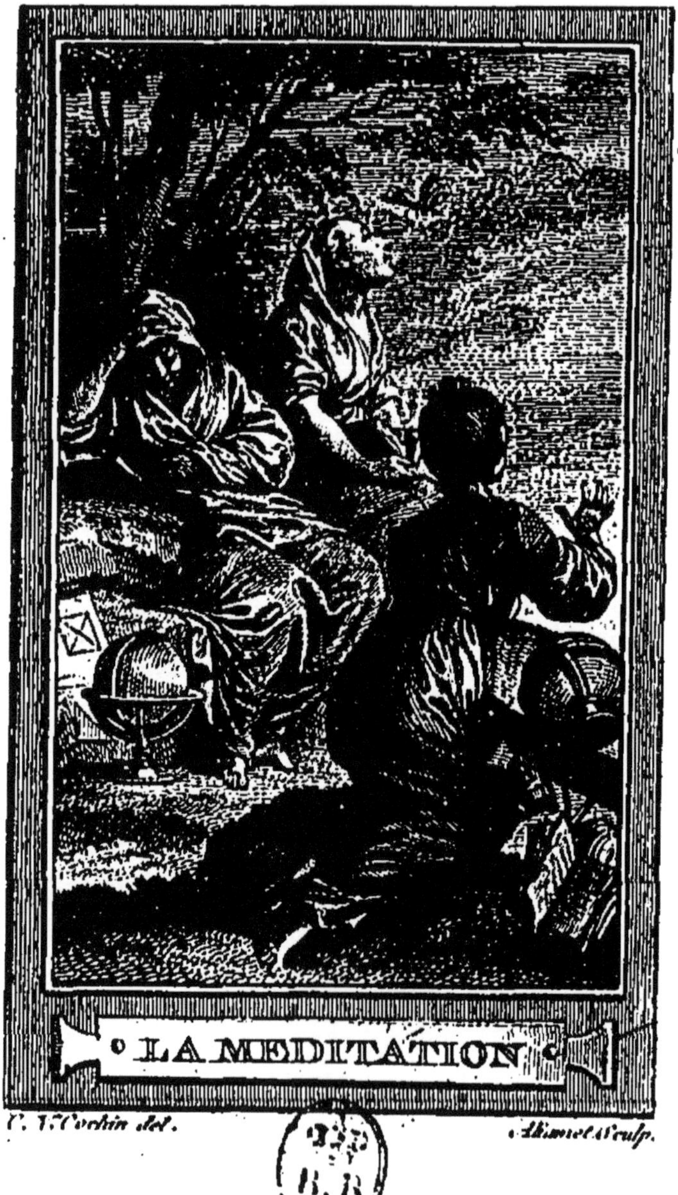

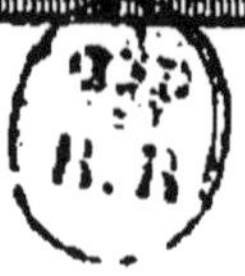

LA MEDITATION

MÉDITATION.

Une femme d'un âge mûr, les yeux baiſſés, le front appuyé ſur ſa main, aſſiſe, & dans le recueillement le plus profond, eſt l'emblême ſous lequel on peint la *Méditation*. Auprès d'elle ſont des livres, une ſphère, des figures de géométrie, & autres objets d'étude.

MÉDITATION CHRÉTIENNE.

On la repréſente par une femme à genoux devant une croix, les mains jointes, les yeux baiſſés, abſorbée dans les réflexions picuſes que la religion impoſe. On pourroit faire tenir à la *Méditation chrétienne* une tête de mort avec ces mots écrits au bas : *O mors, quam amara eſt memoria tua* : O mort! que ton ſouvenir eſt amer! ſymbole dont M. Challe a fait uſage pour la pompe funèbre de la feue reine, dans l'égliſe de Notre-Dame.

DISTRACTION.

Souvent la *Distraction* est involontaire, mais elle vient toujours d'un défaut d'application. On la repréfente par une jeune fille, tenant un livre, & s'amufant à regarder un papillon qui vole autour d'elle.

INATTENTION.

L'*INATTENTION*, ainfi que l'*Etourderie*, vient du manque de réflexion. L'un & l'autre de ces défauts, naturels à la jeuneffe, peuvent être repréfentés par une jeune fille qui annonce dans fes traits beaucoup de vivacité, & qui, fe levant avec précipitation, renverfe une table où font pofés une fphère, un compas, des livres & une écritoire. On peut varier ces attributs relativement à l'objet qu'on veut défigner.

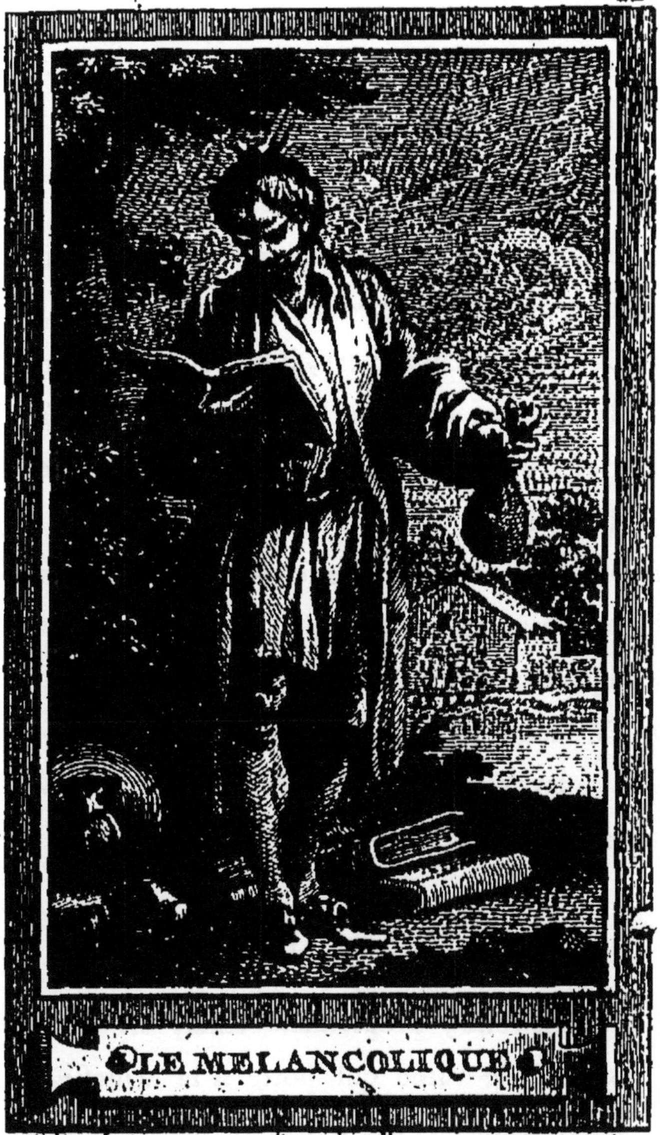

LE MELANCOLIQUE

H. Gravelot inv.
Deshayes Sculp.

MÉLANCOLIQUE.

L E caractère du *Mélancolique* s'exprime, d'après les anciens iconologiftes , par un homme qui paroît méditer profondément fur un livre qu'il tient ouvert; il porte un bandeau fur la bouche, emblême du filence , & fur fa tête eft un paffereau , animal qui eft le fymbole de la folitude. Auprès du *Mélanco-lique* font des attributs des fciences; les hommes de ce tempérament ayant des difpofitions & du penchant pour les connoiffances abftraites. On fait tenir une bourfe fermée au *Mélancolique* , parce que ce caractère , dit-on , eft enclin à la parcimonie.

MÉLANCOLIE.

L A *Mélancolie* , proprement dite , eft une difpofition de l'ame qui porte à la trifteffe. La plus ingénieufe penfée , pour rendre cette affection , eft celle dont *le Féti* , peintre

célèbre, a fait ufage dans l'un de fes tableaux qu'on voit à Verfailles. Il repréfente
une femme à genoux, foutenant fa tête de la
main gauche , & tenant de la droite une
tête de mort fur laquelle on la voit méditer.
A fes pieds eft un chien enchaîné, & fur le
devant du tableau divers attributs des fciences
& des arts.

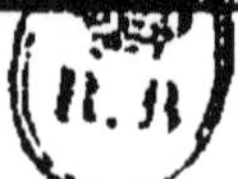

E. Gravelot inv.

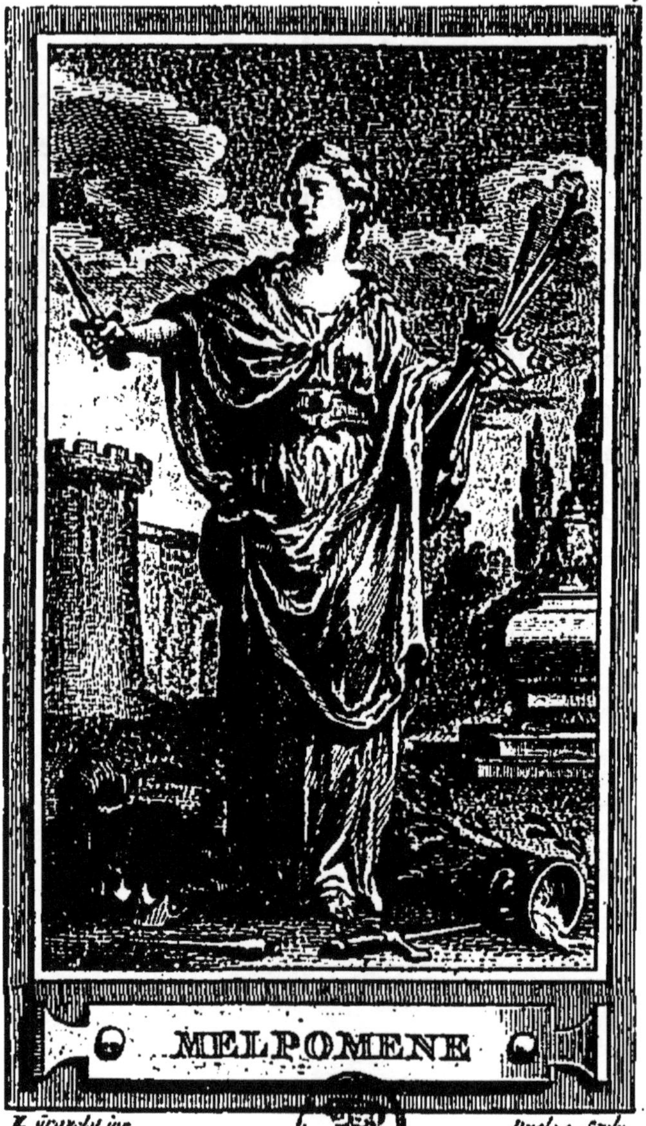

Duclos Sculp.

MELPOMÈNE.

La muse de la tragédie, *Melpomène* est toujours peinte sous les traits d'une femme majestueuse, triste, fière, superbement vêtue, chaussée d'un cothurne, tenant des sceptres & des couronnes d'une main, & un poignard de l'autre. Tout ce qui environne *Melpomène* doit être relatif à la gravité de la muse tragique.

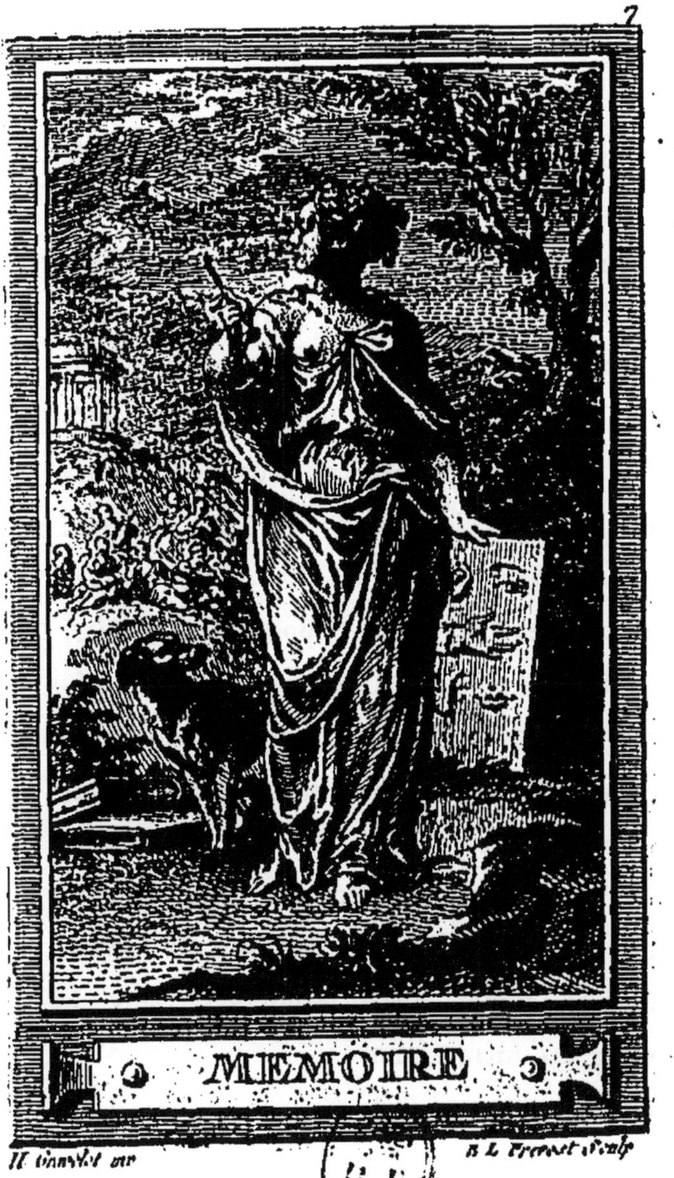

MÉMOIRE

MÉMOIRE.

ORNEMENT de l'esprit, la *Mémoire* est représentée jeune, parce que c'est le tems le plus propre à cette faculté de l'ame. C'est dans le cerveau que se gravent les conceptions, & c'est pour exprimer cette pensée qu'on a fait tenir un burin à la *Mémoire*. Comme les idées nous sont communiquées par les sens, ce sont eux que désignent naturellement les cinq figures tracées dans le tableau sur lequel s'appuye la *Mémoire*. Le chien placé près d'elle signifie qu'en général les animaux, & particulièrement le chien, jouissent de cette faculté. Les objets du fond, analogues à la figure, laissent voir les muses, appellées les filles de mémoire, parce que ce sont elles qui consacrent les faits dignes d'être conservés dans le temple du même nom.

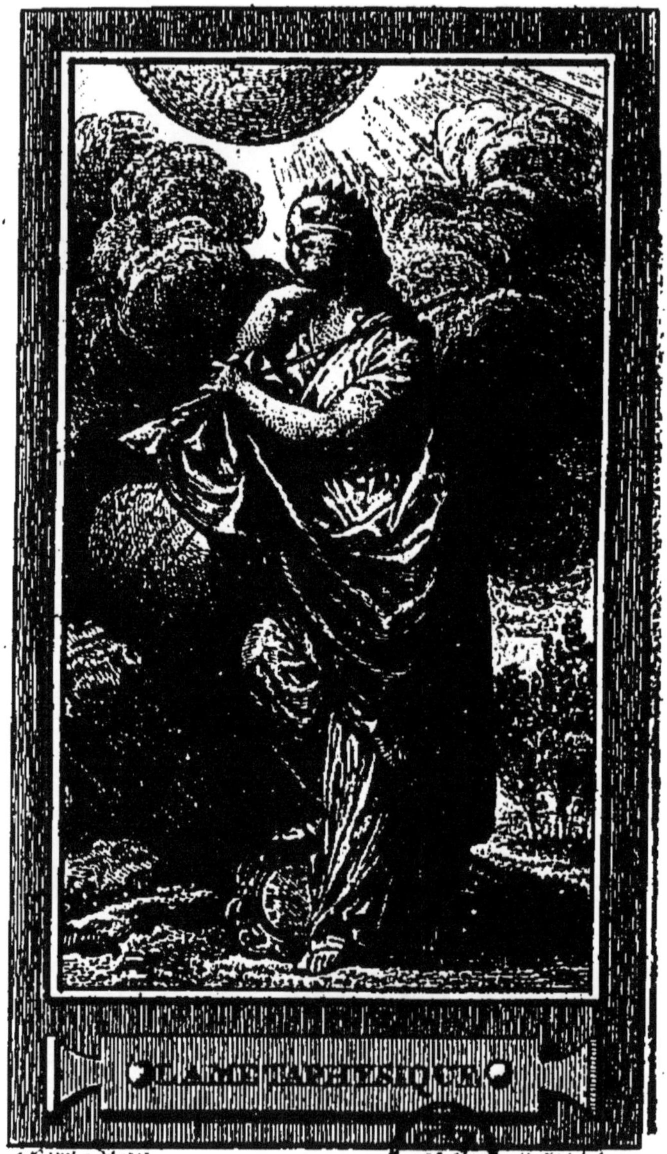

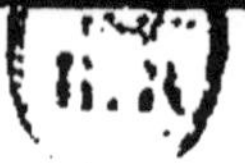

MÉTAPHYSIQUE.

On peut définir la *Métaphysique* la science des choses abstraites. Cependant tout a sa *Métaphysique* & sa pratique ; mais on considère plus ordinairement cette science comme s'occupant des objets intellectuels & qui ne tombent pas sous les sens C'est sous cette manière de l'envisager, qu'on a représenté la *Métaphysique*. Elle tient un sceptre, comme reine des sciences, & contemple un globe céleste orné d'étoiles, pour marquer qu'elle s'attache principalement à l'étude des êtres surnaturels. Le bandeau placé au-dessous des yeux, sans lui dérober la lumière d'enhaut, l'empêche seulement de regarder vers le globe de la terre, sur lequel la *Métaphysique* est appuyée ; elle le couvre d'une partie de sa draperie pour ne s'occuper que de la contemplation des objets célestes.

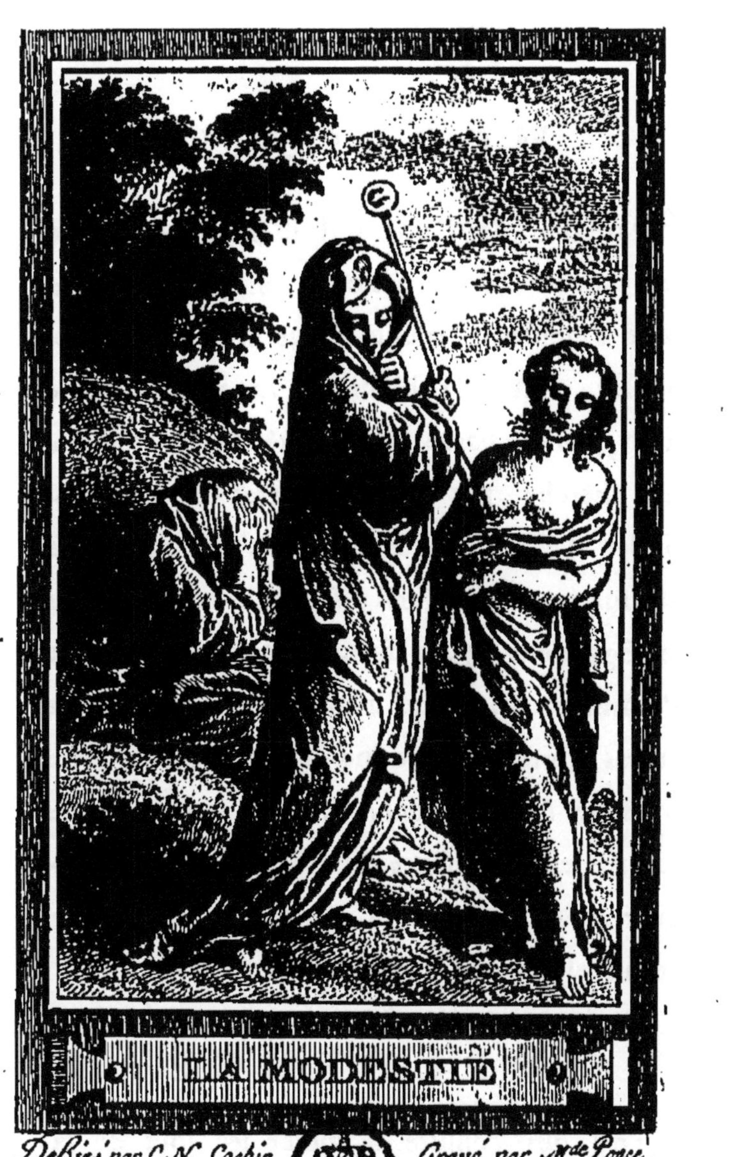

Deßiné par C.N. Cochin   Gravé par N de Ponce.

MODESTIE.

Pudeur de l'ame qui se manifeste dans les paroles & les actions; on la représente sous l'emblême d'une jeune fille, les yeux baissés, vêtue de blanc & la tête couverte d'un voile, parce que la véritable *Modestie* ne cherche pas à se montrer & à faire parler d'elle. Le sceptre qu'on lui fait tenir est surmonté d'un œil, symbole consacré par les Egyptiens, pour faire connoître qu'on doit s'examiner soi-même avant de condamner les autres : précepte connu qui engage à être modeste & indulgent. L'œil qui termine le sceptre est représenté baissé, afin de distinguer la *Modestie* de la *Vigilance*, dont l'attribut est un œil ouvert.

IMPUDENCE.

Vice qui consiste à violer les loix de la pudeur & de l'honnêteté. On le représente

par une femme au regard lascif, hardie , &
vêtue d'une manière très-immodeste.

L'*Immodestie* est moins vicieuse que l'*Impudence*, mais l'*Effronterie* les surpasse toutes
deux, parce qu'elle semble mettre sa gloire à
braver toutes les loix de la décence. On peut
représenter ces différentes figures sous l'emblême de l'*Impudence* , & y ajouter une
guenon ou un chien, symboles du cynisme.

HONTE.

Confusion de la faute qu'on a commise,
& compagne du repentir. On peint la *Honte*
sous la figure d'une femme enveloppée de son
manteau, le visage couvert de ses mains, &
cherchant à se dérober à tous les regards.

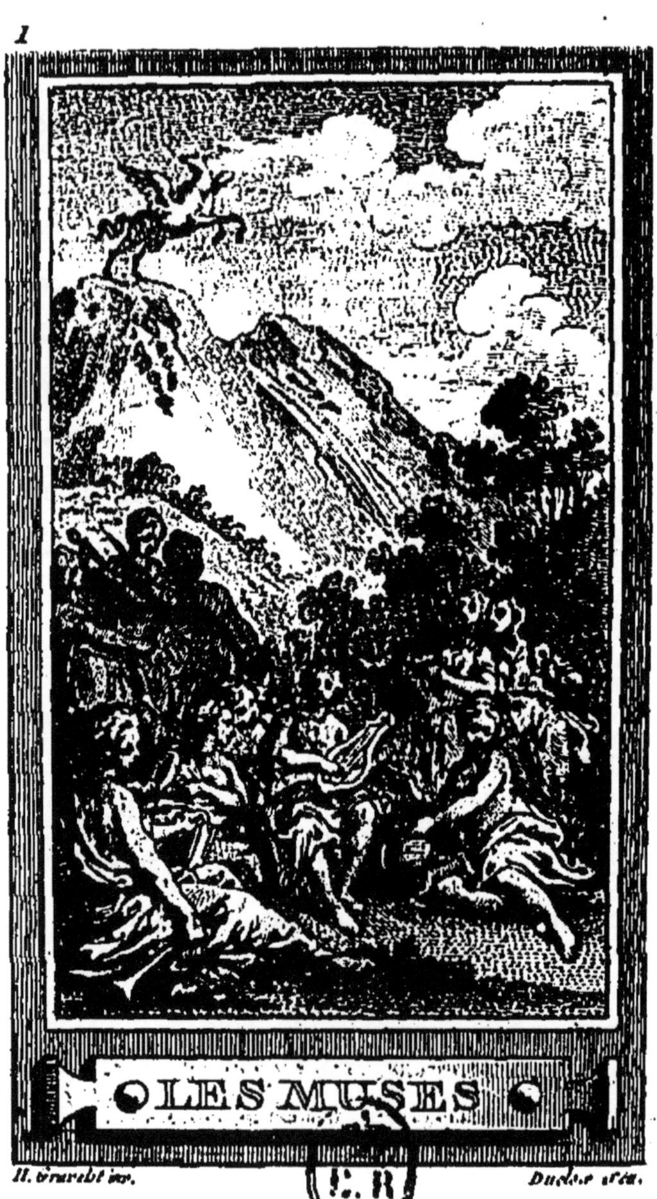

1
LES MUSES

MUSES.

Déesses des sciences & des arts, filles de Jupiter & de Mnémosyne, les *Muses* étoient au nombre de neuf; favoir, Clio, Melpomène, Thalie, Euterpe, Terpficore, Erato, Calliope, Uranie & Polymnie. Plufieurs peuples n'en admettoient que trois, d'autres en comptoient fept; quel que fût leur nombre, elles avoient Apollon à leur tête. (voyez l'article *Apollon*.) Plufieurs fontaines, comme l'Hyppocrène, Caftalie & le fleuve Permeffe, étoient confacrés aux *Mufes*. Elles habitoient les monts Parnaffe, Hélicon & le Pinde; le cheval Pégafe paiffoit ordinairement fur ces montagnes & aux environs. Les *Mufes* font toujours repréfentées jeunes, vierges, & vêtues fimplement. Voyez à leurs articles les attributs qui les caractérifent.

PARNASSE.

Pour repréfenter le Parnaffe, on peut

conſulter l'eſtampe du ſujet précédent, où l'on verra le double mont, & Pégaſe ſur la cîme prenant ſon vol pour obéir à l'impulſion du génie qui lui commande.

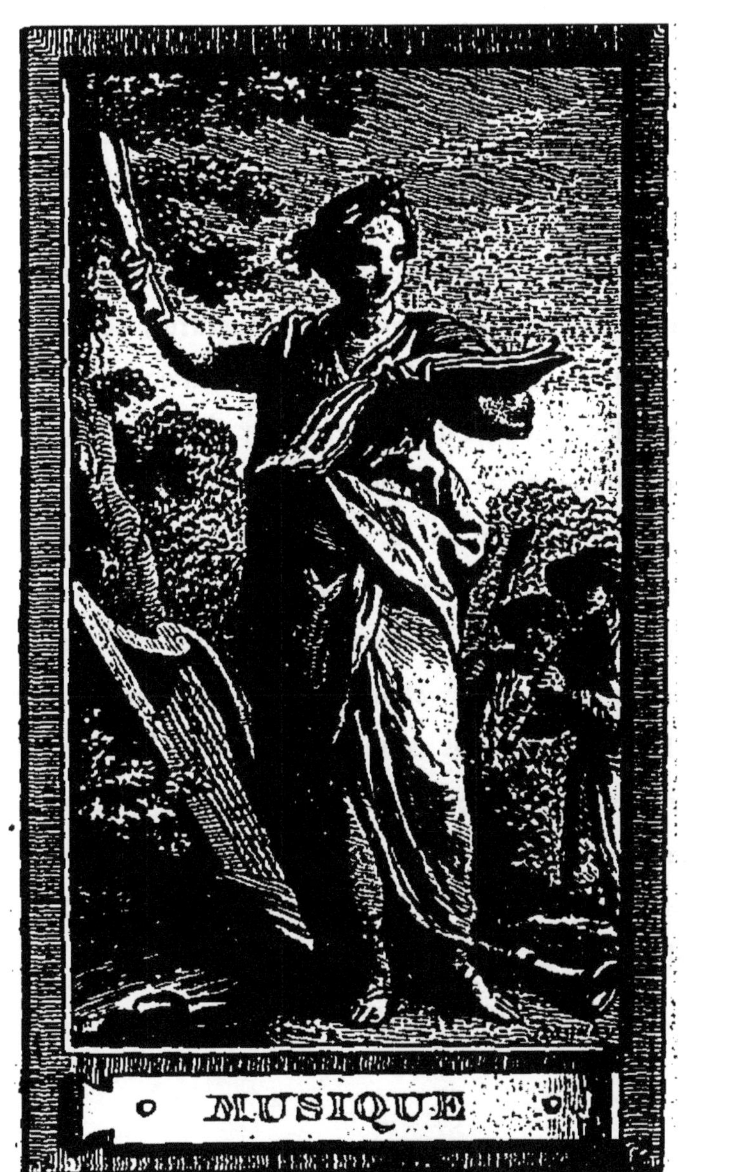

MUSIQUE

MUSIQUE.

Les fleurs dont fa tête est ornée font le symbole des charmes naturels de cet art. La figure qui le repréfente, paroît chanter à livre ouvert, en márquant la mefure, compagne de la mélodie. Les inftrumens raffemblés autour d'elle défignent l'harmonie, comme leur variété peut indiquer les différens caractères de la *Mufique*. Le hautbois donnera l'idée des airs vifs & enjoués, la guittare celle des plaintes amoureufes, & la harpe celle des chants facrés. Quant au violon, l'ame des concerts, il embraffe tous les genres. Dans le fond, quelques pâtres femblent fufpendre leurs fons ruftiques, attirés par des modulations plus favantes & plus douces.

Voyez l'article *Euterpe*.

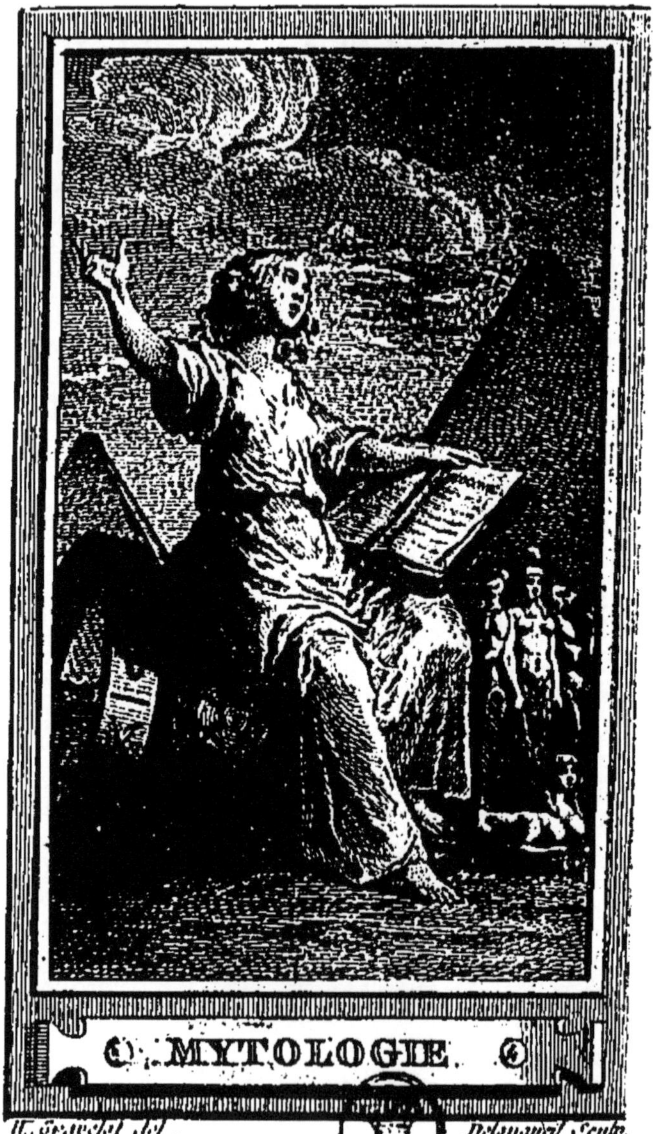

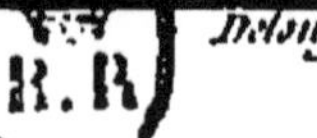

MYTOLOGIE.

MYTHOLOGIE.

Sous ce titre , qui fignifie hiftoire ou connoiffance des divinités fabuleufes , on a cru pouvoir donner une idée de la religion des anciens. Nous l'avons repréfentée par une femme dont le regard eft animé, les cheveux épars, telle que les prêtreffes , lorfque fur le trépied facré elles éprouvoient les infpirations prophétiques. La *Mythologie* eft affife fur le globe du monde, parce qu'à l'exception des Juifs, prefque toutes les nations étoient enveloppées des ténèbres du paganifme. Le zodiaque placé à côté, fait allufion aux faftes ou cérémonies religieufes chantées par Ovide. Pour ne point rendre équivoque la *Mytho-logie*, ou *Religion payenne*, on lui fait tenir un livre où eft écrit *Théogonie* , poëme d'Héfiode , fur la généalogie des dieux. Comme c'eft de l'Egypte que prefque toute la terre reçut fes dieux, fes loix, fes arts , on a repréfenté les trois principales divinités

de cette nation ; Ifis, coëffée d'un globe ;
Ofiris, fon époux, avec une tête d'épervier ; &
Anubis, fils d'Ofiris, ayant une tête de chien ;
le fphinx exprime le fecret exigé des nouveaux
initiés aux myftères des Egyptiens, & les
pyramides dans le fond indiquent le berceau
des connoiffances humaines.

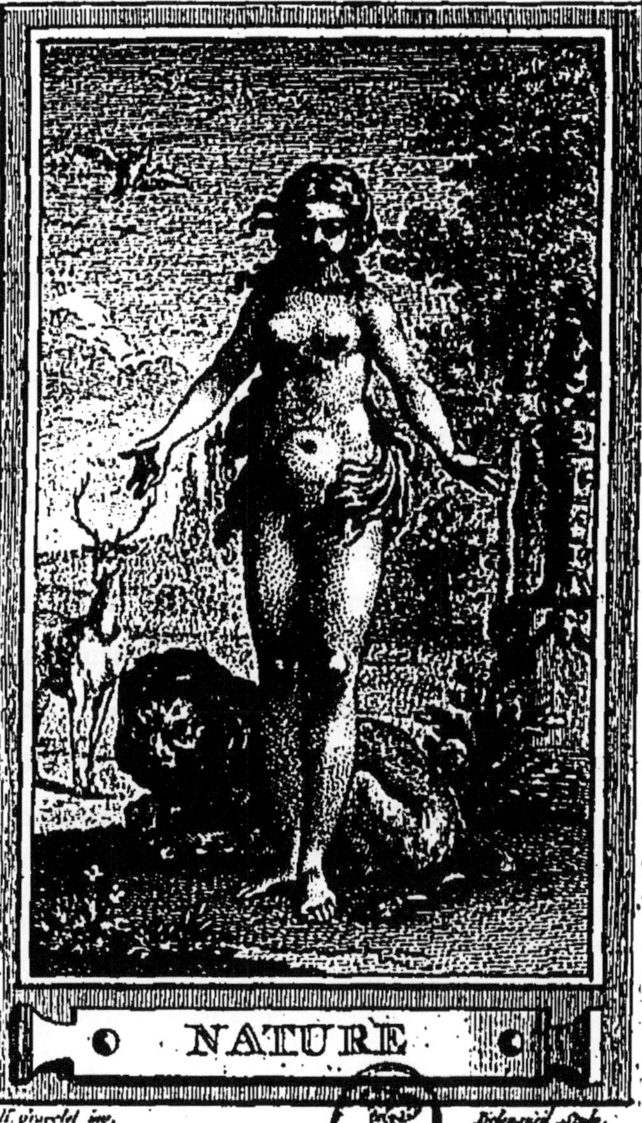

H. Gravelot inv.   Delaunié sculp.

NATURE.

L A *Nature* est désignée par une femme nue, dont l'attitude exprime la simplicité de son essence. Mère de tous les êtres, c'est elle encore qui les nourrit; ce que signifie le lait qu'on voit couler de son sein. C'est d'après cette idée que l'antiquité a représenté la *Nature* couverte de mammelles & environnée des différens êtres qu'elle produit. On a eu soin d'orner le fond du tableau de ce symbole ingénieux. Non-seulement on doit attribuer à la *Nature* l'existence de tout ce qui respire, mais les différentes qualités qui caractérisent chaque espèce, sont encore autant de ses bienfaits.

(76)

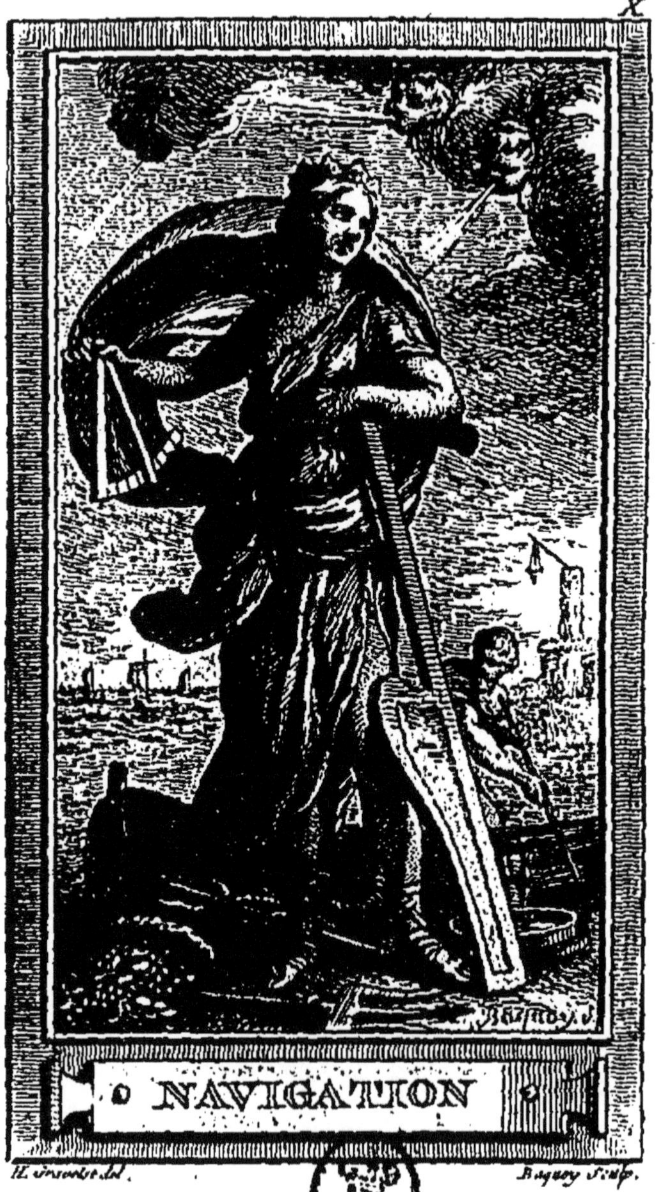

H. Gravelot del.   Baquoy Sculp.

NAVIGATION.

Elle fe défigne naturellement par une femme , couronnée de poupes de vaiffeaux , & dont les vents agitent les vêtemens. La *Navigation* s'appuie fur un gouvernail, & tient de la main droite l'inftrument qui fert à prendre les hauteurs. On voit à fes pieds l'horloge marine , la bouffole , le trident de Neptune & la corne d'abondance , emblêmes des richeffes que procure le commerce , dont le caducée eft ici le fymbole ; des navires en route & un fanal achèvent de caractérifer la *Navigation*.

VENTS.

Les vents cardinaux ont été perfonnifiés par les iconologiftes fous des emblêmes fi équi-voques, fi obfcurs , que nous n'oferions con-feiller aux artiftes d'en faire ufage. Voici les attributs qui peuvent caractérifer les quatre principaux vents.

Un jeune homme actif, inquiet, ayant des ailes de papillon & planant dans les airs, qu'il agite de son souffle, peut repréfenter le vent d'*Orient*; l'étoile du matin, placée au-deffus de fa tête, indiquera l'un des points de l'univers d'où ce vent arrive pour exercer fon empire.

Le vent du *Midi* peut fe peindre fous la même figure que le précédent, mais fans étoile, & toujours avec des ailes de papillon, attribut diftinctif des vents. De la main droite il tiendra des fleurs defféchées, & de la gauche une coupe d'où s'exhalera une épaiffe vapeur; alluſion aux épidémies communes dans les climats brûlans & tranſmiſes par le vent ſud ou auſtral.

Le vent d'*Occident* fe défigne fous l'emblême du Zéphyr. On ſçait que le volage amant de Flore eſt peint fous les traits d'un beau jeune homme, vif, léger, couronné de fleurs, déployant ſes brillantes ailes, & ſemant des roſes ſur ſon paſſage, parce que la douce haleine du Zéphyr tempère les brûlantes ardeurs du midi, & que son souffle humide redonne la vie aux plantes, aux fleurs & aux fruits.

Borée, ou le vent du *Nord*, est représenté dans les tableaux de plusieurs célèbres artistes par un jeune homme vigoureux, dont le menton est déja couvert d'un léger duvet ; ses joues enflées annoncent qu'il souffle avec violence, de même que ses poingts fermés & la rapidité de son vol indiquent les ravages & les désastres occasionnés par ce vent impétueux.

On ne parle point ici d'Eole, dieu des vents, ce sujet appartient à la mythologie.

NOBLE.

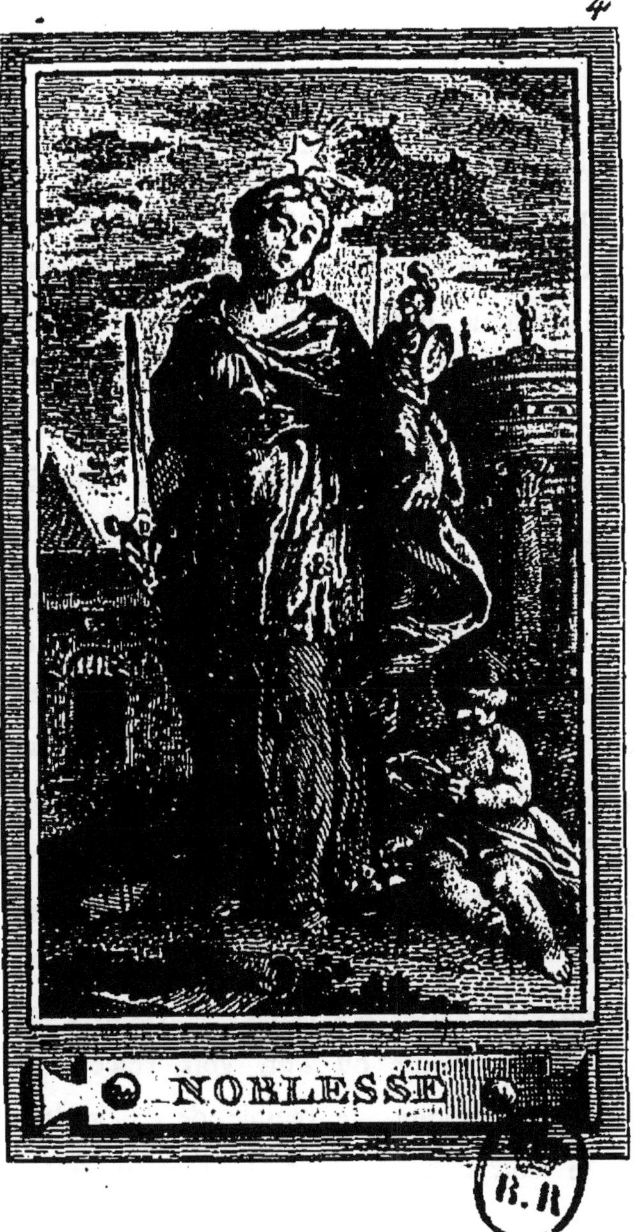

NOBLESSE

NOBLESSE.

On la repréfente fous l'emblême d'une belle femme , dont les traits font majeftueux, ayant une étoile fur la tête , richement vêtue , tenant d'une main une petite figure de Minerve, & de l'autre une épée. Minerve , déeffe des fciences & des arts, fait connoître les deux moyens par lefquels la *Nobleffe* s'acquiert, & l'épée défigne qu'elle eft particulièrement due aux défenfeurs de la patrie. Mais comme c'eft plus fouvent la naiffance qui la donne, cet heureux hazard eft exprimé par l'étoile placée fur la tête de la *Nobleffe.* Le Génie qu'on voit près d'elle , & qui d'une main porte une couronne de lauriers & de l'autre montre celle des dignités, fignifie qu'il faut avoir mérité l'une pour prétendre à l'autre. L'écuffon, la palme, le parchemin déroulé où l'on voit tracé un arbre généalogique, le temple de la gloire qui fe voit dans le fond du tableau, raf-

semblent tout ce qui peut caractériser la
Noblesse.

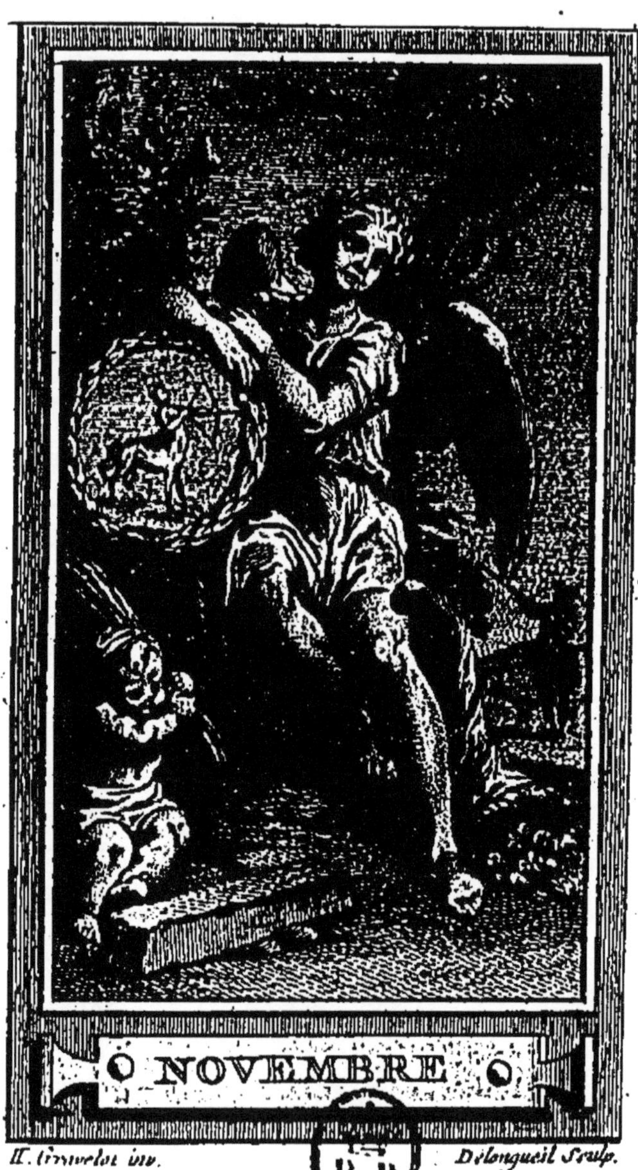

C. Gravelot inv.   Delongueil Sculp.

NOVEMBRE.

IL paroît inutile de dire que le nom de ce mois défigne qu'il étoit le neuvième de l'année Romaine. Vêtu de couleur feuille morte, & couronné d'une branche d'olivier, il s'appuye fur le figne du fagittaire, & laiffe échapper d'une corne d'abondance divers fruits & racines, derniers préfens que nous fait la terre. On donne à ce mois le figne du fagittaire, foit relativement à la figure des étoiles qui le forment, foit comme emblême de la chaffe, plus favorable dans ce mois que dans les précédens ; c'eft ce qu'indique la figure placée fur le dernier plan du tableau. La couronne d'olivier annonce que c'eft le tems où les olives, en maturité, nous procurent la liqueur utile qu'on en retire , & l'enfant qu'on voit battre le chanvre eft l'image des dernières occupations de la campagne.

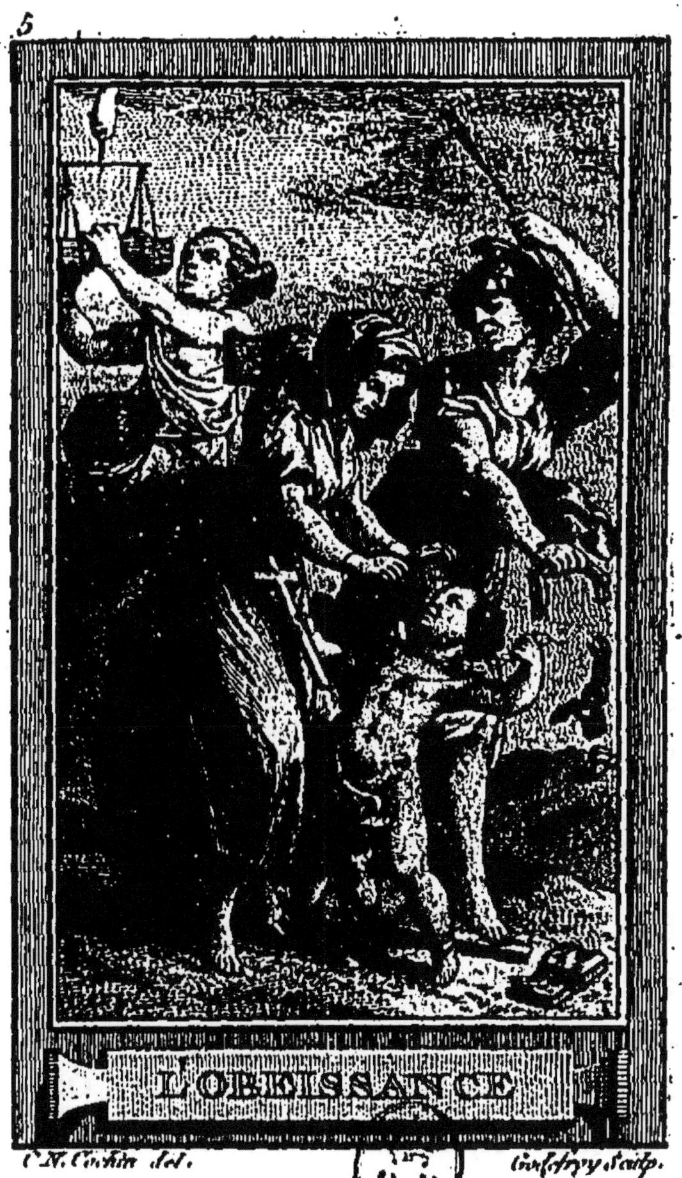

C. N. Cochin del.   Godefroy sculp.

OBÉISSANCE.

Vertu qui confiste à foumettre notre volonté à celle des autres. On la repréfente par une femme d'un caractère doux & modefte , couverte d'un voile & portant un joug fur fes épaules.

OBÉISSANCE AVEUGLE.

On fait ufage des attributs de la figure précédente, pour peindre l'*Obéiffance aveugle*, mais on ajoute à celle-ci un bandeau fur les yeux.

OBÉISSANCE CHRÉTIENNE.

Elle eft perfonnifiée par une femme portant une croix fur fes épaules, autour de laquelle font écrits ces mots ; *Jugum meum fuave eft*, mon joug eft doux à porter. On peut encore repréfenter l'*Obéiffance chrétienne* avec un joug fur les épaules; un enfant la guide, avec un fil délié, en lui montrant une croix.

OBÉISSANCE VOLONTAIRE.

On ne la repréfente pas avec un joug fur les épaules, mais le prenant elle-même dans les balances de la juftice.

REBELLION.

Une femme, dans une attitude altière, coëffée d'un cafque, armée d'un javelot, eft l'emblême de la *Rebellion* ; elle jette avec indignation les chaînes qu'elle vient de brifer, & foule aux pieds un joug rompu.

L'*Infurrection* diffère de la *Rebellion*, voyez *Infurrection*, page 88.

RÉVOLTE.

Aux attributs de la figure précédente on ajoute, pour caractérifer la *Révolte*, de lui faire fouler aux pieds le frein de la raifon, avec les attributs de la juftice, des loix & de la fociété.

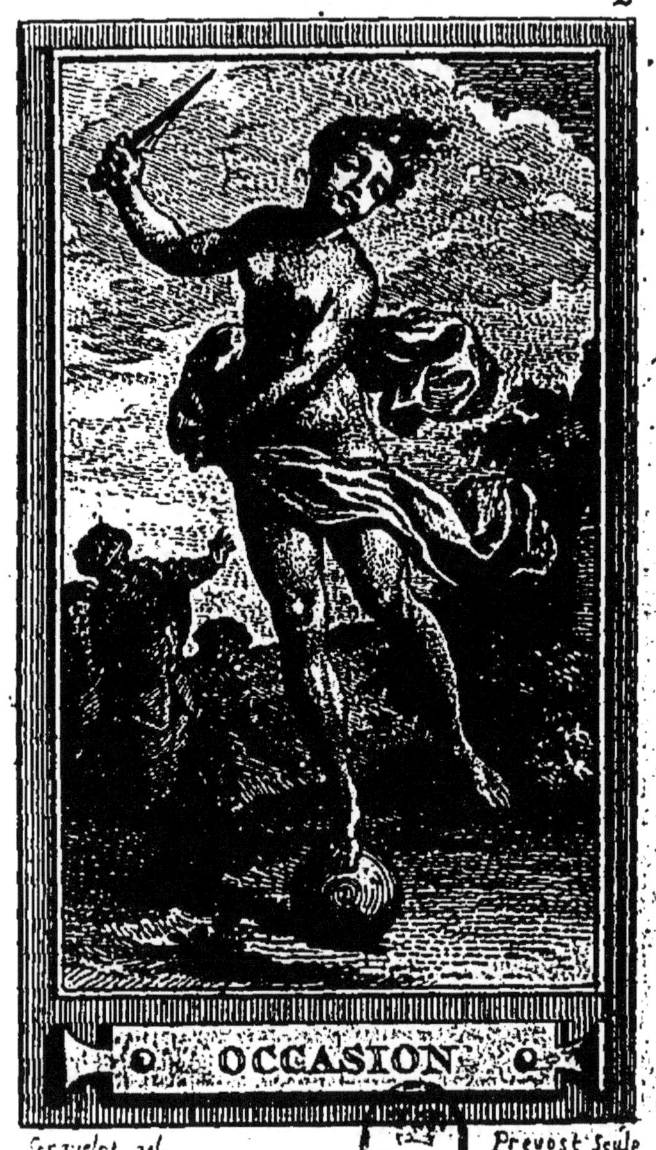

Gravelot del.   Prevost Sculp

OCCASION.

So n emblême généralement reçu, & d'ailleurs affez ingénieux, eft une femme nue, chauve par derrière, & n'ayant de cheveux que par devant, le feul endroit par lequel elle puiffe être faifie quand elle fe préfente : inftant qu'il ne faut pas laiffer échapper, parce que l'*Occafion* eft volage & paffagère. C'eft pourquoi on la repréfente un pied en l'air & l'autre pofé fur une roue, ou boule, en mouvement. Le glaive dont on l'arme annonce que pour la fuivre, lorfqu'elle nous appelle, il faut être préparé à vaincre les obftacles & à écarter les rivaux ; c'eft ce que l'on a voulu indiquer par les figure qu'on voit fur les traces de l'*Occafion*. Les anciens en avoient fait une divinité qui préfidoit au moment favorable pour commencer une entreprife.

INSURRECTION.

Soulèvement général, réclamation, appuyée par la force, des droits usurpés par le despotisme ou la tyrannie. Les Crétois avoient le privilége de faire cette réclamation, de se soulever, lorsque leurs magistrats abusoient de l'autorité, ou transgressoient les loix ; le peuple chassoit les coupables & nommoit d'autres magistrats. Chez les nations modernes, c'est l'occasion ou les circonstances qui font naître les *Insurrections;* mais ce n'est que la réussite qui peut les légitimer : il suffira de citer la Suisse, la Hollande, les Etats-unis de l'Amérique Septentrionale, pour être convaincu de cette vérité. On peut représenter l'*Insurrection* sous l'emblême d'une femme irritée, coëffée d'une peau de lion, & s'appuyant sur une colonne, symbole de la force & du courage, elle foule aux pieds un joug rompu, jette avec indignation les chaînes qu'elle vient de briser, & tient de la main droite une pique surmontée du bonnet de la liberté.

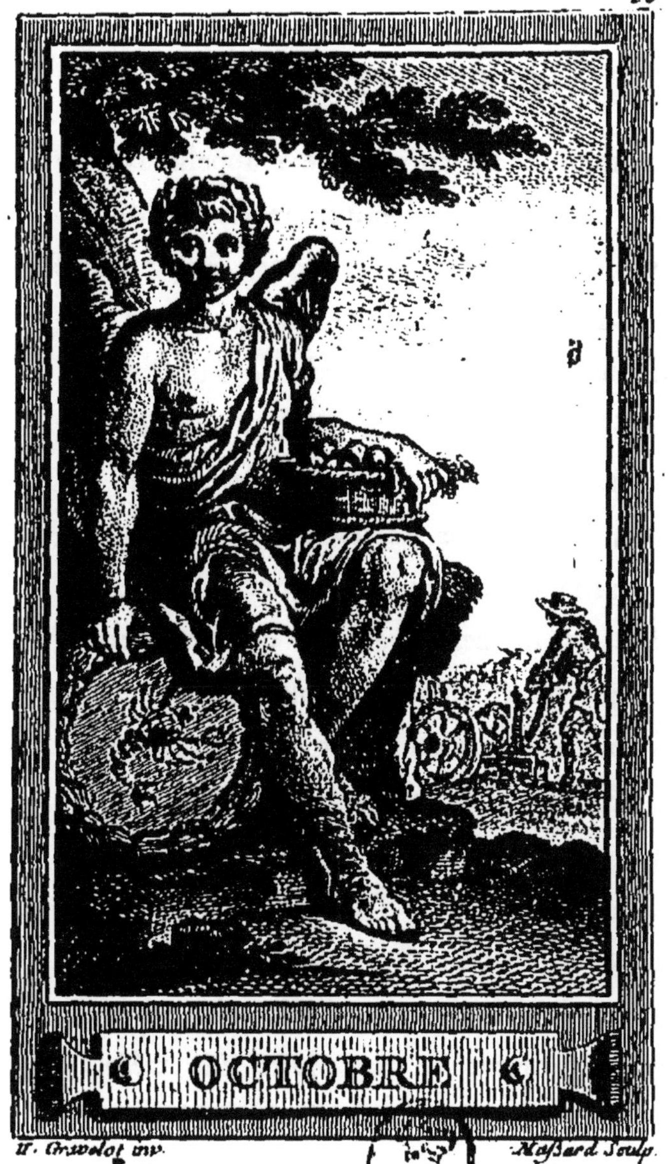

H. Gravelot inv.   Massard Sculp.

OCTOBRE.

Ce mois avoit autrefois été appellé Domitien, à caufe de l'empereur de ce nom ; mais les tyrannies de ce prince furent caufe qu'il reprit depuis, par un arrêt du fénat, celui d'*Octobre*, étant le huitième de l'année martiale. De la main droite il tient le figne du fcorpion, & de la gauche un panier rempli des fruits de la faifon. On le couronne de feuilles de chêne, arbre qui quitte les fiennes plus tard que les autres. Le figne où fe trouve le foleil dans ce mois eft nommé fcorpion, foit de l'arrangement des étoiles qui le repréfentent, foit de la piquure mortelle de cet animal, comparée à la malignité de cette faifon, dans laquelle le froid & le chaud, fe fuccédant rapidement, caufent de fréquentes maladies. La charrue prépare la terre à reproduire fes tréfors ; c'eft ce qu'indique le fond du tableau.

(١٥٠)

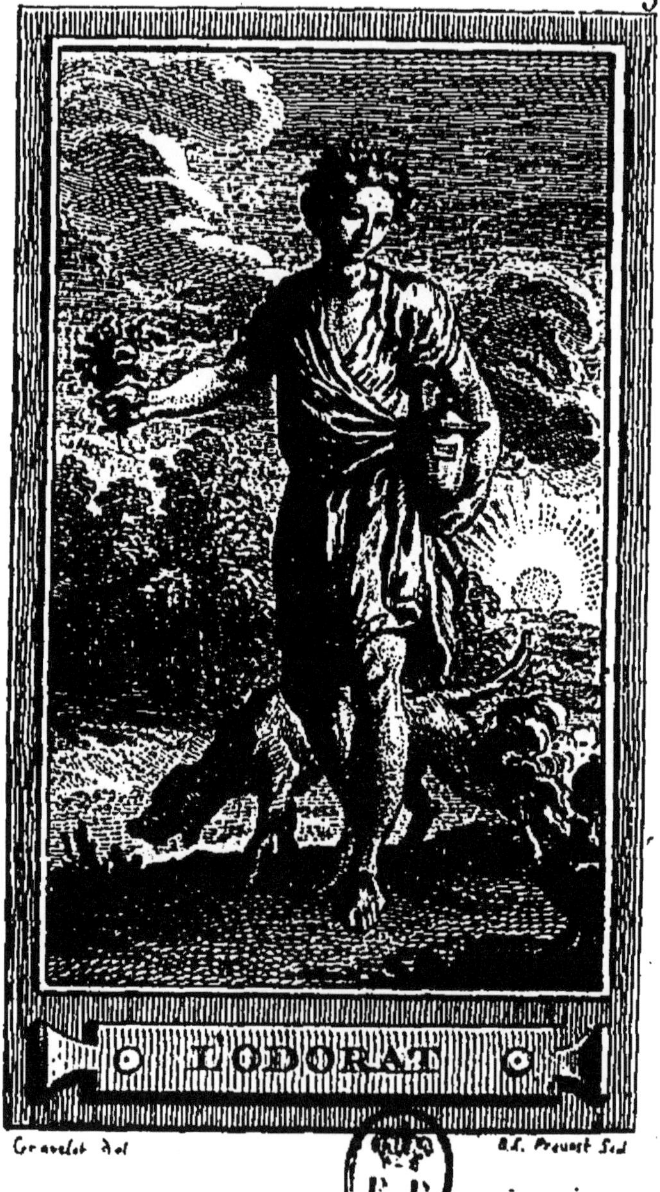

Gravelot del.   B.L. Prevost Sculp.

ODORAT.

CE n'étoit pas affez pour la nature de pourvoir à nos befoins, de nous indiquer le choix des alimens par l'*Odorat*, elle a voulu, par ce fens, contribuer à nos plaifirs. On le repréfente par un jeune homme, couronné de fleurs odoriférantes, qui de la main droite tient un bouquet de rofes, pour exprimer les odeurs naturelles, & de la gauche un vafe contenant des eaux de fenteur, dues à l'art de la diftillation. Le chien qui l'accompagne eft l'emblême dont les Egyptiens fe fervoient pour repréfenter l'*Odorat*; l'expérience prouve journellement combien ce choix étoit judicieux. Le foleil, l'ame de la nature, paroît à l'horifon, parce que c'eft à fon lever & à fon coucher, que les fleurs femblent répandre leurs plus doux parfums.

(91)

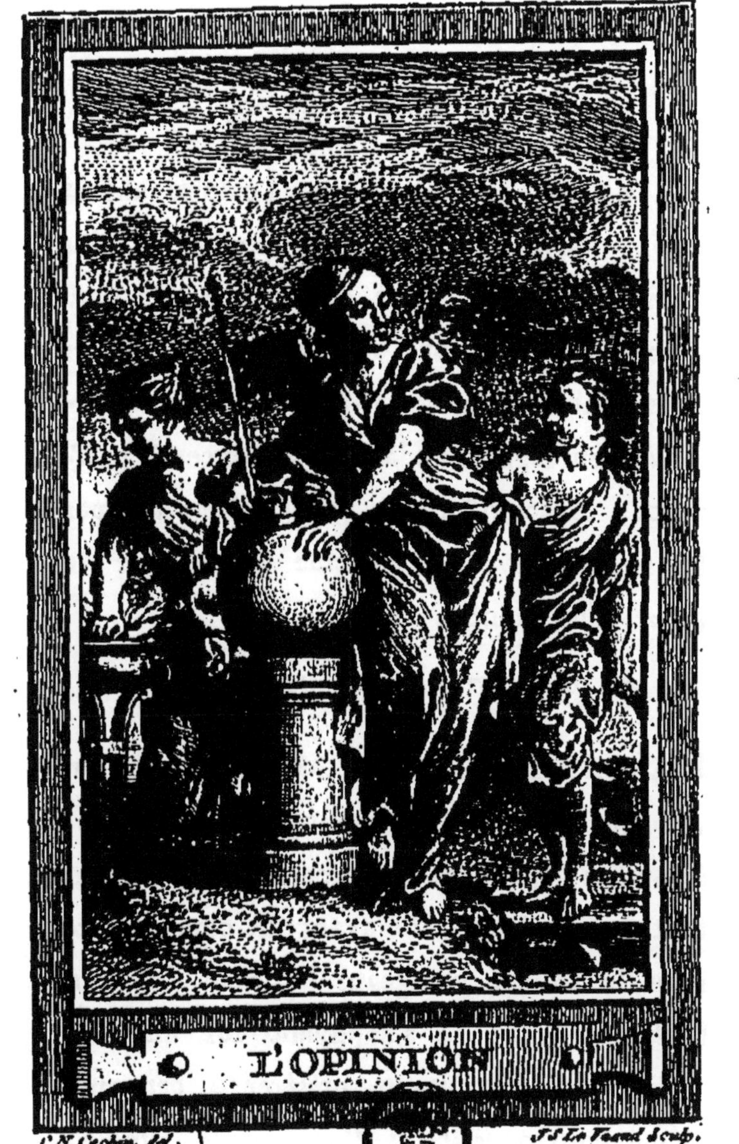

C. N. Cochin del.   J. S. Le Veau Sculp.

OPINION.

Rᴇɪɴᴇ du monde, dont l'empire abſolu donne ſouvent du prix aux choſes les plus communes, mais dont le pouvoir eſt auſſi mobile que le vent; c'eſt ce qu'indique les ailes données à la figure qui repréſente l'*Opinion*. Son regard audacieux annonce ſa puiſſance, caractériſée plus particulièrement par le ſceptre & la couronne placés ſur le globe du monde.

OBSTINATION.

L'*Eɴᴛêᴛᴇᴍᴇɴᴛ*, ou l'*Obſtination*, eſt un vice qui vient de l'ignorance & de la préſomption ; quelques iconologiſtes le repréſentent par une jeune fille ayant un clou enfoncé dans le front, plongeant la main dans un braſier ardent, & s'appuyant ſur un âne.

Peut-être devroit-on préférer à cet emblême équivoque celui d'une vieille femme, ayant des oreilles d'âne, appuyée ſur une mule,

& portant la main fur fes yeux pour fe dérober à la lumière du foleil, fymbole de l'évidence & de la vérité. Voyez l'article *Indocilité*.

INCERTITUDE.

On a cru pouvoir peindre l'*Incertitude* par une femme dont l'attitude équivoque annonce l'irréfolution ; fur fa tête font deux girouettes tournées en fens contraire. L'*Incertitude* s'arrête fur une planche en équilibre, fans fçavoir fi elle doit avancer ou reculer.

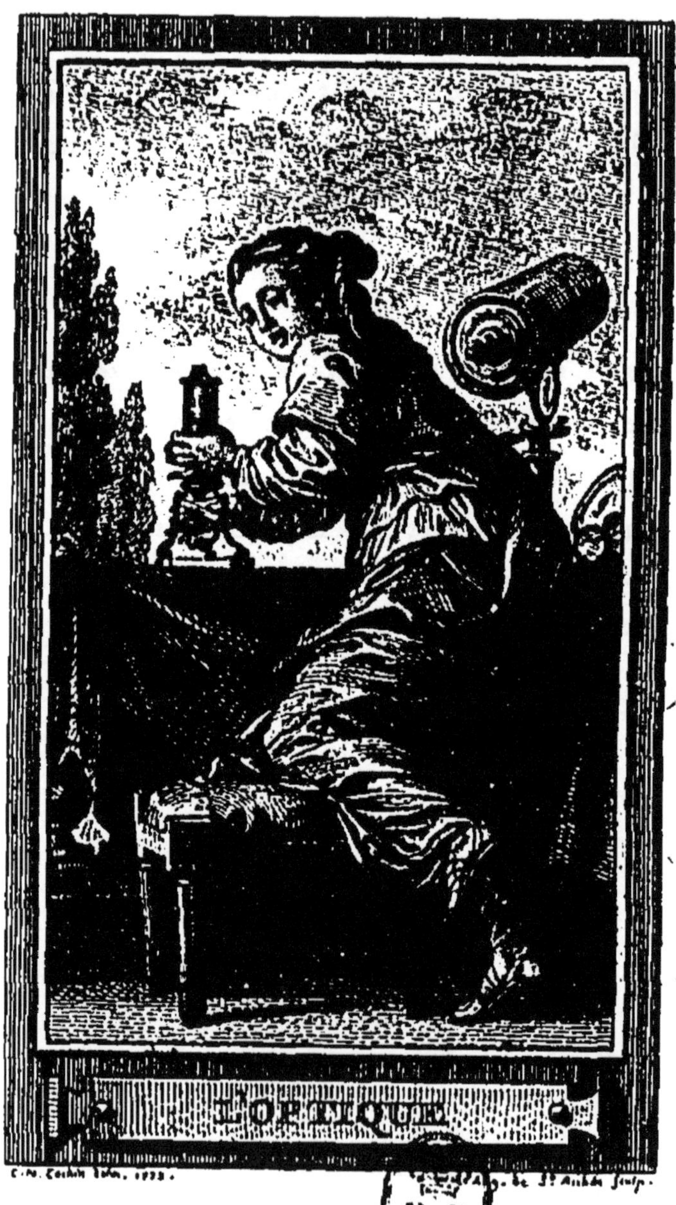

C. N. Cochin filius. 1733.
A. de St Aubin Sculp.

OPTIQUE.

Sᴄɪᴇɴᴄᴇ qui fait partie des Mathématiques. Elle a pour objet la vision, en général, & particulièrement la connoissance des rayons de lumière qui viennent directement & immédiatement frapper nos yeux, sans être ni rompus ni réfléchis ; ces derniers effets appartiennent à la dioptrique & à la catoptrique. On a caractérisé l'*Optique*, en plaçant auprès de la figure qui la représente, les instrumens que cette science a imaginé pour secourir la vision, tels que le microscope, le télescope, les lunettes, &c.

ORAISO

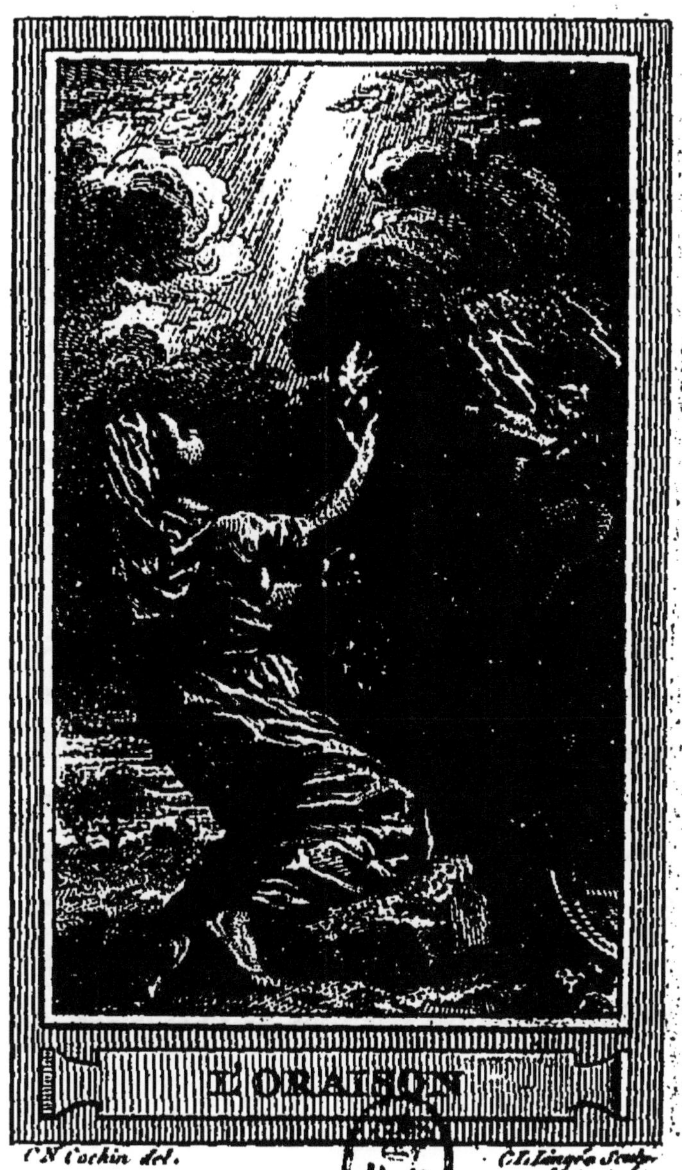

C. N. Cochin del.   C. E. Langlois sculp.

ORAISON.

Supplications adreſſées à la divinité. On repréſente l'*Oraiſon* ſous l'emblême d'une femme à genoux, modeſtement vêtue, tenant d'une main un encenſoir fumant, & de l'autre un cœur enflammé qu'elle préſente au ciel, d'où part un rayon de lumière.

BLASPHÉME.

Injure faite aux dieux dans un accès de colère ou de douleur. On peint le *Blaſphême* ſous les traits d'un homme ayant le regard farouche, les cheveux hériſſés, les poingts fermés, bravant le ciel, d'où partent des éclairs & le tonnerre. Le *Blaſphême* foule aux pieds un autel renverſé, des ſtatues briſées, & autres emblêmes de la religion.

PRIÈRE.

On peut caractériſer la *Prière* avec les

mêmes attributs que l'Oraison. Mais si l'on veut repréſenter les *Prières* , on ne ſçauroit faire uſage d'une allégorie plus ingénieuſe que celle qui ſe trouve dans Homère ; ce poëte immortel les a perſonnifiées marchant triſtement après l'Injure , le front couvert de confuſion & les yeux baignés de larmes.

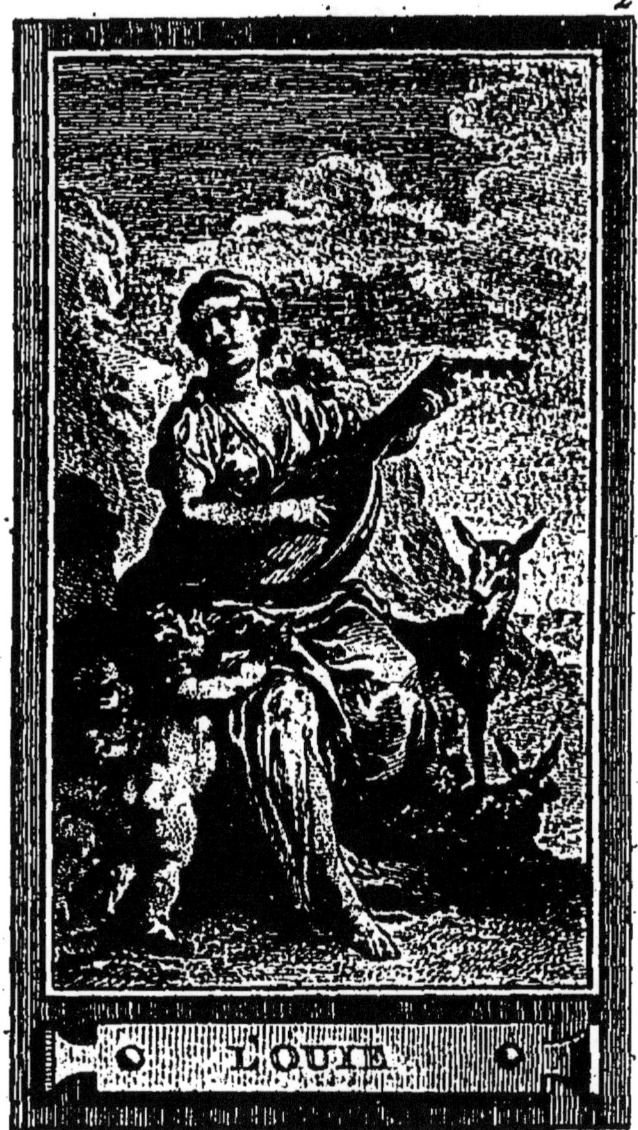

H. Gravelot inv.   A. de St Aubin Sculp.

O U I E.

Ce fens doit être regardé comme le plus puiffant lien de la fociété, puifque c'eft à lui qu'eft dûe la communication des idées. L'*Ouie* ne pouvant agir que par le fon, ce fens eft repréfenté par une jeune femme, uniffant aux fons harmonieux du luth les charmes de fa voix. Des enfans auprès d'elle paroiffent l'écouter attentivement ; idée relative à la plus grande utilité de l'*Ouie*, qui eft l'inftruction. C'eft ce que la fable a cherché à faire entendre par la lyre d'Orphée, animant les êtres les plus infenfibles : emblême de ce que les fciences & les arts doivent au fens de l'*Ouie*. L'oreille étant fon organe, fa fineffe s'exprime par le lièvre & la biche, animaux chez lefquels on croit que l'*Ouie* eft le plus délicat ; le bruit d'une feuille agitée fuffit pour faire fuir le premier ; à l'égard du fecond, il fuffit d'obferver que les Egyptiens , dans leurs hiéroglyphes , s'en fervoient pour peindre l'*Ouie*. L'Echo , que la mythologie nous préfente comme fille de l'air & de la terre , étant produit par le fon qui frappe les montagnes , on a cru devoir les employer pour fervir de fond au tableau.

TABLE DES ARTICLES

DU TROISIÈME VOLUME.

G 4